現代に挑戦するフランシスコ

伊能哲大

オリエンス宗教研究所

目次

※聖書からの引用は、フランシスコ会聖書研究所訳注（二〇一一年、サンパウロ）を用いています

現代に挑戦するフランシスコ

1　行動、そして変革

はじめに

いきなり長文の引用から始まる。まずこの文を読んでほしい。

共産主義者の闘争の未来における生に光をあててくれるかもしれない古い伝説がある。アッシジの聖フランチェスコの伝説だ。彼の行なったことを考えてみよう。マルチチュード〈引用者注・多様性、精神性を保持しながら協働する単独者たち〉の貧困を糾弾するために、彼はこの共通条件を取り入れて、そこに新しい社会の存在論的力を発見した。共産主義者の闘士もそれと同じことを行なっている。マルチチュードの共通の条件のうちに、その途方もなく豊かな富を見いだしているのだ。フランチェスコは生まれたての資本主義に異議を唱えながら、あらゆる道具的規律を拒絶したし、苦行（貧困や構成された秩序の中での）に異議を唱えながら、喜びにみちた生を提示した。あらゆる存在、自然、動物たち、妹たる月、兄たる太陽、野原の鳥たち、貧民や搾取された人々がそこには含まれ、それらは集って権力や腐敗の意志に抵抗するのだ。私たちは、権力の惨めさに存在の喜びを対置しながら、このポスト近代性にあってまた再びフランチェスコと同じ状況にあることを知っている。これは革命だ。いかなる権力であれ統制できない革命――なぜなら生の権力と共産主義、協働と革命が、愛、素朴さ、そしてまた無垢のうちに集っているからだ。これこそが共産主義者であることの抑えがたい快活さと喜びなのである。

『〈帝国〉――グローバル化の世界秩序とマルチチュードの可能性』A・ネグリ／M・ハート、以文社、2003

中世の聖人という私たちの時代と無関係に思えるアッシジのフランシスコ（フランチェスコはイタリア語での表記だが、ここでは慣用に従ってフランシスコに統一する）について書くとき、この文章が浮かんできた。この文は、イタリアの政治哲学者アントニオ・ネグリとアメリカ合衆国の社会哲学者マイケル・ハートの共著による『〈帝国〉』を締めくくるもので、グローバリゼーションと新自由主義による世界的な貧富の格差を生み出す構造に対して、オルタナティブな（既存のものと取って代わる新しい）方策を提起したものだ。ここで、彼らは、特にネグリが書いたと考えられるが、フランシスコを、現代世界を変革する、すなわち「革命」のための一つのモデルとして提出している。ネグリが触れているフランシスコの特性、「資本主義に異議を唱える」「規律の拒絶」「苦行への異議」「喜びにみちた生の提示」は、まさに中世社会に生きたフランシスコをよくあらわすと共に、現代社会に対するオルタナティブな可能性を提示するものだ。それは、現代のフランシスコである教皇が回勅『ラウダート・シ』で示しているものと、多くの点で重なり合っていると思われる。

フランシスコは確かに一三世紀の人間であり、八〇〇年前の人間だ。しかし、ネグリのように、共産主義者のモデルとして、現代社会の諸矛盾を変革する革命家として捉えることができるほど、フランシスコは現代的な存在なのだ。本書の一連の論考の中で、中世に生きたフランシスコの生き方が、どのように現代社会に問題を提起するのかを考えていきたい。

フランシスコの「活動」「行為」そして変革

さて、もともと本稿が連載された『福音宣教』誌二〇一七年四月号の月間特集テーマとして「活動」が挙げられていた。フランシスコは、常に「実行すること」「行うこと」を語る。例えば、次のフランシスコの言葉を見てみよう。

　すべての兄弟の皆さん、私たちはよい牧者に心を向けましょう。この方は、ご自分の羊の救いのために十字架の受難を耐ええました。主の羊は苦難と迫害、恥と飢え、病気と誘惑、その他のことがあっても、この方に従い、そしてこれらのことで主によって永遠の命を受けました。ですから、神のしもべである私たちにとって、聖人たちは行いをなしたのに、私たちがそれを語り、述べ伝えることで、誉れと栄光を受けることを望むことは、大いなる恥となります（私訳）。

これは、『訓戒の言葉』といわれているフランシスコの作品の六番目に挙げられているものだ。『訓戒の言葉』がいつ、どのような状況で書かれたのか、あるいは誰によってまとめられたのかはいまだに不明である。おそらくは、フランシスコが折々語っていたことを聞いていた兄弟たちが、メモとして書き残したものをまとめたものと考えられよう。

この『訓戒の言葉』六がどのような状況で兄弟たちに話されたかも分からない。フランシスコはどういう背景のもとで語ったのだろうか。おそらく次の同時代の証言が参考になるだろう。

フランシスコが亡くなって、三〇年と少したってからまとめられたフランシスコ会の兄弟ジアノのヨルダヌスによる『年代記』というものがある。この『年代記』に一二一九年にヨーロッパ各地に派遣された兄弟たちについて書かれた部分がある。そこでスペインに派遣された兄弟たちが殉教した逸話が挿入されている。引用してみよう。

7しかし、スペインへ行った兄弟のうち五人は殉教の王冠を得ました。しかし、これら五人の兄弟たちがこの同じ集会で派遣されたのか、あるいはそれ以前の兄弟エリアが仲間とともに海外へ派遣された集会であるのかどうかについて、確実ではありません。

8これら上述の殉教者についての伝記と物語が幸いなるフランシスコのもとにもたらされると、フランシスコは自分自身を軽蔑し、そして称賛と栄光を軽蔑すればするほど、自分が兄弟たちの中で称賛され、またその他の兄弟たちがこれらの兄弟の苦難を誇っているのに気づきますと、フランシスコはそのような言い方を拒否し、彼らにその殉教者の物語を読むことを禁じ、次のように言いました。『すべての者は他の者のではなく、自分自身の苦難の中で輝かされるべきです』。そして、この最初の宣教全体がないものとされました。

この殉教した兄弟は、ベラルド、ピエトロ、アックルジウス、アドユートゥス、オトと考えられている。彼らはフランシスコ会の最初の殉教者たちであり、彼らの殉教にあこがれてパドヴァのアントニオがフランシスコ会に入ることになったことでも知られている。しかし、フランシスコは、他の兄弟たちが彼らの殉教を誇っていることに気づき、彼らの宣教、そして殉教がなかったことにしてしまった。

また、もう一つ別の側面から見てみよう。今度の史料は、『アッシジの編纂《へんさん》文書』というものから紹介する。この『編纂文書』は、一部を取り出して『ペルージアの伝記』とも呼ばれていた。日本語では、やはり一部分が『フランシスコと共にいたわたしたちは』というタイトルで出版されていた。この『編纂文書』に、詩編書を持ちたいと願った修練者に対してフランシスコが語る言葉があるが、それを引用する。

戦場にて勇敢に戦ったシャルルマーニュ、ロランやオリヴィエ、すべての側近と勇敢な騎士はたゆまなく努力して不信仰者を死へと追い詰め、そして記念すべき勝利を得ました。その戦いの最後に、キリストへの信仰のために戦って死亡し、聖なる殉教者となりました。私たちは、これらの人々の冒険を歌うことで自分に誉れと栄光を帰したいと考える多くの人を知っています。

私たちは訓戒の言葉の中でこれらの言葉の説明を見いだします。そこでは、彼は次のように書いています。

「ですから、神のしもべである私たちにとって、聖人たちは行いをなしたのに、私たちがそれを語り、述べ伝えることで、誉れと栄光を受けることを望むことは、大いなる恥となります」(『アッシジの編纂文書』一〇三、私訳)。

ここで、フランシスコの言葉を説明するために、最後の部分に『訓戒の言葉』六が引用されている。兄弟たちはこの『訓戒の言葉』をこのような文脈で理解していたことが示されている。

さて、フランシスコが『訓戒の言葉』六で示した意図は明らかになっただろう。主は私たちのために十字架上での苦しみに耐え、弟子たちもそれにならって耐え、永遠の命を受けた。聖人は、主に従った行動をしたので、聖人となった。でも、「イエスはこんな苦しみを受けたんですよ、聖人はこんなことをしたので神に認められたのですよ」とぬくぬくとしたところで語って、自分たちも聖人になったようなつもりになったところで、何の意味があるのだろうか。殉教者は殉教したから、聖人なり福者になったのだ。ましてや、そんな人はいないと思われるが、列福式に参加したから、自分も福者になったと思う人は誰もいないだろう。列福された方のように自分自身も生きようと決意し、そのように生きることで、式に参加したことの本当の意義が露わになるのだろう。語ることは誰でもできる。しかし、それを生きることは決して簡単なことではないだろう。しかし、それでもフランシスコはまずなによりも実際に行うことを望んでいたのだ。

フランシスコは、そして最初の兄弟たちは、まさに行い、あるいは行動により模範を示すことを大事にしていた。だから、彼らが行っていた説教活動の中心は、普通に考えられる言葉による説教よりもむしろ、行いによる説教を望んでいたのだ。例えば、彼は『一二二一年の会則』第一七章で次のようなことを端的に述べている。

すべての兄弟は行いによって説教すべきです。

『一二二一年の会則』は「教皇によって裁可されなかった」とされている。そうすると価値があまりないように思えるが、そうではない。「教皇によって裁可された」と言われる『一二二三年の会則』よりも、フランシスコや最初の兄弟たちの生き方を明確に示しているのだ。『一二二三年の会則』はところどころに教会権威の介入があり、フランシスコが妥協せざるをえなかった部分も散見しているからだ。

フランシスカンの説教は「行動」そのものなのだ。言葉のレトリックや話術の面白さではなく、解釈を施すだけではなく、実際にどのように行動し、人々に対して模範を示すのかが、フランシスカンの特徴なのだ。そして、行動は変革をもたらすことになる。フランシスコが『遺言』の中で「傍注を加えないように」と書いているように、解釈ではなく、文字通りに従う、すなわち行動するのが、フランシスカンのカリスマだ。

一三世紀のフランシスコと二一世紀のフランシスコ

ともかく、フランシスコは「行いによって説教すべき」と明確に述べている。行動することによって、実際に模範を示すことが大事なことだ。これは、例えば「親の背中を見て育つ」という態度と似ているかもしれない。そうであるとすれば、教皇フランシスコの次の言葉は大きな意味を持つだろう。

わたしたちは、後続する世代の人々に、今成長しつつある子どもたちに、どのような世界を残そうとするのでしょうか（回勅『ラウダート・シ』160）。

私たちの活動・行動には責任が伴う。フランシスコは、実際に行うことを大事にした。当然行動することは、責任を担うことになる。

教皇はこの回勅の中で、現在の地球が抱える問題に対する「反応の鈍さ」（53－59）を指摘している。「緊急かつ必要な際に介入できなかったと記憶に残るような権力に、なぜ今しがみつきたいのでしょうか」（57）と現状維持の姿勢に警鐘を鳴らしている。「反応の鈍さ」とか「しがみつく」は、結果的に行動しないことになる。だから教皇は、「……現代のライフスタイルは持続不可能なもので、今でさえ世界のあちこちで周期的に生じている破局を早めるばかりなのです。今ここでの断固たる行為だけが、現今の不均衡がもたらす悪影響を減らすことができるのです」（161）と、変革への行動を呼びかけ、また、「ライフスタイルの変化は、政治的、経済的、社会的権力を振るう人々に働きかける健全な圧力をもたらしました」（206）と述べ、社会的抵抗権の行使についても認めてきている。

教皇フランシスコが現状に変革をもたらす行動、すなわち「回心」を呼びかけていることは明らかだ。もちろん、言葉でいろいろと言うことも大事だ。そのことにより、私たちは新たな知見を得ることが多いのだから。しかし、聞いているだけでは、あるいはしゃべっているだけでは現状を動かすことは、まったく不可能なのだ。

回心において「私は変わりました」と言っても意味はない。どのように変わったかが、具体的な生き方に、すなわち生活に現れてきて初めて意味を持つものだ。もちろん、私たちは、必ずしも完全にすべてを実行に移すことができない存在だ。しかし、それでもわずかでも行う努力はしなければならないだろう。フランシスコは晩年、「兄弟たちよ、主なる神に奉仕することを始めよう。これまでのところほとんど、いや全く何もしてこなかったのだから」（チェラノのトマス『聖フランシスコの生涯（第一伝記）』一〇三）と述べていることに従って。

余談になるが、本稿が書かれた二〇一七年は、ルターによる宗教改革五〇〇年、フランシスコ会とコンベンツアル会との分裂八〇〇周年、さらにロシア革命から一〇〇年にあたっている。まさに、それまでのあり方とまったく違うあり方を選んだ歴史的行為の記念の年にあたっているのだ。私たちはこの節目にあたって、単に言葉で論じ、解釈するだけでなく、教皇の呼びかけに応えて、私たちの変革の始まりの年にする必要があるのではないのか。一三世紀のフランシスコが、語ることよりも行動することを説き、自らが模範を示したように。

最後に、一九世紀の偉大な思想家の一人カール・マルクスの言葉を紹介して、締めくくろう。

哲学者たちは世界を単にさまざまに解釈したに過ぎない。それを変えることが重要だ。

カール・マルクス、1875年

2　フランシスコの心の動きとフラテルニタス

　フランシスコは一二世紀の終わりから一三世紀の前半に生きた人だが、おもしろいことに、同時代の聖人と言われる人の中で、自筆の文書が残っている希有《けう》な人物だ。例えば、フランシスコ会と並ぶ托鉢《たくはつ》修道会、ドミニコ会の設立者で、フランシスコと同時代人のグスマンのドミニコの残した作品はほとんど現存しないし、まして自筆文書は現在まで伝えられていない。しかし、フランシスコの書いたものは今でも残っている。今回取り上げるのは、フランシスコの自筆文書の一つで、現在スポレトの大聖堂に保管されている『兄弟レオへの手紙』である。

　この手紙は二つの意味でおもしろいものだ。一つは一九九〇年代の自筆文書研究の進展により、それまでの読み方が変わったということがある。聖母の騎士社から出ていた『アシジの聖フランシスコの小品集』に載せられている庄司篤《あつし》師の翻訳はドイツのカイエタン・エッサーの校訂本を使用しているため、次のような訳になっている。

兄弟レオよ、兄弟フランシスコはあなたに挨拶を送り、平安を祈ります。私は母のように、あなたに〝我が子よ〟と呼びかけます。道々、私たちが語り合ったすべての言葉を、私は次のひと言に簡潔にまとめ、勧めとします。また、後ほどあなたが助言を求めて、**私のところへ来なければならない場合に**〈太字は引用者による〉も、私はこう勧めます。すなわち、「どんなやり方にせよ、神である主をお喜ばせし、その御足跡と清貧とに従っていくために、あなたにとって最善と思われることを、神の祝福と私への従順のうちに、行いなさい」と。そして、あなたの魂の益のため、また慰めのために、私の所に来ることが必要であり、あなたが来るのを望むなら、レオよ、おいでなさい。

しかし、研究の進展により「**私のところへ来なければならない場合に**も、私はこう勧めます。すなわち……」の部分の読みが変わり、「**私のところに来ないでください**。なぜならば私はこう勧めるからです。すなわち……」と読むことがほぼ認められている。

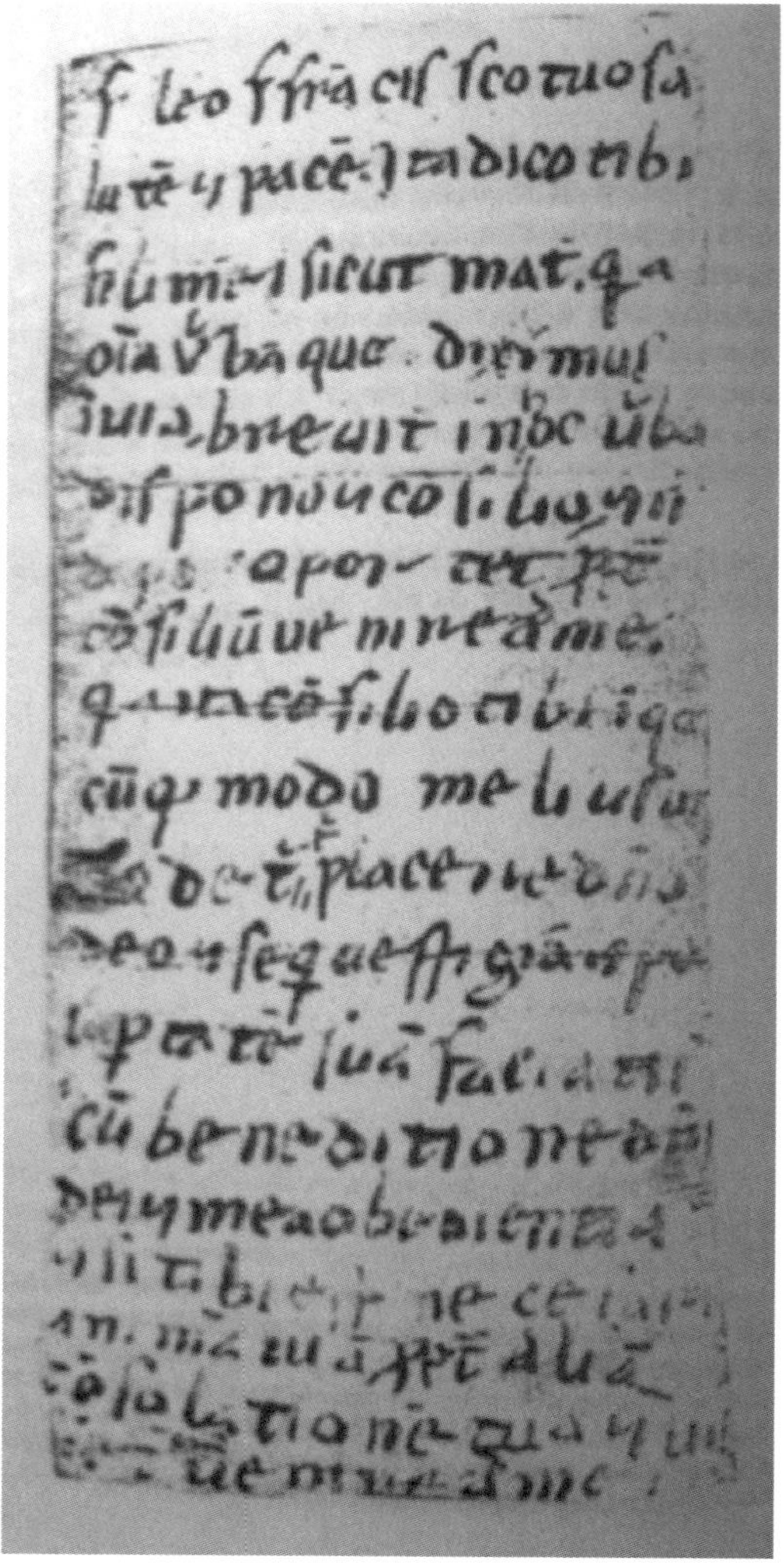

(引用は Francesco d'Assisi. *Scritti*, Editrice Francescana, Padova, 2002. 124.)

さて、もう一つは、このフランシスコの自筆文書を科学的な処理によって読みやすくしたものを実際に見てみよう（右図参照）。

これを見ると、終わりから四行目あたりから、行間が狭くなっていることに気づくだろう。また、これではよく分からないが、使っているペン先も微妙に異なっている。ここから分かることは、この手紙は一気に書かれたのではなく、最後の四行は、ある程度時間がたってから書かれた付け加えと考えられる。

例えば葉書を書く時、このくらいの分量を書くなら、このくらいの字の大きさで、そして行間を広く取るとか狭く取るとか考えて書き出すことだろう。フランシスコもおそらく書く内容が念頭にあり、どのくらいの行間を取るかを考えていたので、最初のうちは行間を比較的広く取って読みやすくしたのだろう。しかし、終わりから四行目以降は、明らかに前もって考えていたことと異なった考えが出てきて、スペースが足りなくなって、行間が狭くなったと考えられる。

この『レオへの手紙』の背景にあるのは、次のようなことだと考えられる。レオはフランシスコと旅をしている時に相談をし、助言をフランシスコからもらった。しばらくたってから、レオはなにか悩みがあったのだろうか、さらに助言を求めたくなり、そのことを書いた手紙をフランシスコに送ったのだろう。フランシスコは助言を書いて送るから、また会いに来る必要はないと書いた。しかし、フランシスコは考え直して、また会いたいのなら来てもいいよと付け加えた。このように考えられるだろう。

フランシスコの心の動きがこの一枚の手紙から見えてこないだろうか。一度はレオに対して突き放したような態度を示しながらも、思い直して、愛情深い思いやりにみちた返事を付け加えている心の動きが感じられるのではないか。こういう心の動きを読み取ることができるのは、自筆の手稿が残っているからだ。印刷された校訂本からはこういうことを読み取ることはできない。私たちは本当に貴重な宝を有していると言えるだろう。

さて、フランシスコが示したこの愛情深い優しさが、彼の周りにできた共同体、すなわちフラテルニタスの基礎となっていると言える。

フラテルニタスの基礎にあるもの

フランシスコの周りにできた共同体、すなわちフラテルニタスはまったく新しいものだった。確かに、このフラテルニタスという言葉は古代ローマの時代から使われていたが、おおざっぱに言って同業者の組合を指すような意味だった。中世では「信心会」のような意味でも使われていた。しかし、フランシスコがフラテルニタスに込めたものはそれらとは異なっていた。

一九六六年にデ・ベーアというフランシスコ会士が次のように述べている。

フラテルニタスは客観的に考えられた共同体の各々の絆《きずな》にあるのではなく、むしろすべての他者に結ばれているものとしての互いの相互的関係を通してのみ存在する。フランシスコは、いわば普遍的な抽象概念としてのフラテルニタスについて語っているのではなく、いつも特定の兄弟たちについて語っている。

ちょっとわかりにくいかもしれないが、フラテルニタスはまず組織があるのではなく、人と人との関係のうちにあるということだ。また、当時修道生活を示す時には一般に religio と ordo という言葉が使われていたが、フランシスコはこの二つの言葉を使用していない。だが、フランシスコ会の正式名称は小さき兄弟会 Ordo Fratrum Minorum で、オルドが使われているじゃないかと言う人もいるだろう。

しかし、この Ordo Fratrum Minorum という名称は、一二二〇年五月二九日付の教皇ホノリウス三世の勅書『プロ・ディレクティス』で初めて使われた名称だ。この勅書が出された時、フランシスコは前年からエジプトやシリアの方に行っていたので、イタリアにはいなかった。つまり、フランシスコは Ordo Fratrum Minorum という名称を知らなかった可能性がきわめて強い。オルドは「秩序」とか「身分」とか「地位」などの意味を持つ。フランシスコは、修道会を示すために使われたこの言葉を嫌ったと考えられる。「秩序」とか「身分」とかに基づく組織ではなく、フランシスコが求めたものは「兄弟として互いに関わりを持つ」関係だったからだ。フランシスコが一二二一年の総会で「会」の代表を降りて、ピエトロ・カターニに会の統治職を譲ったのは、自分の望む方向と違った方向に「会」が動いていることを強く感じたからだと想われる。

フラテルニタスという言葉は、決して「兄弟性」というような抽象的な概念ではなく、各々が兄弟として関わっていく、生きている現実を示す言葉であったと言ってもいいだろう。だから、そこには「秩序」や「身分」「地位」というものは介在する余地がないと言える。各々の関わりの中で現れてくる現実がフラテルニタスなのであって、一人ひとりは兄弟として平等であることが前提となっているのだ。

ところで、フラテルニタスという言葉は、一三世紀のフランシスカンの文学の中では、わずかに一一回しか使用されていない。フランシスコの書いたものの中で一〇回、そしてチェラノのトマスの『聖フランシスコの生涯（第一伝記）』の中で一回使用されているだけだ。これはフランシスコが使用したフラテルニタスが、非常に斬新なものであったことを意味する。彼はそれまで教会が使用したオルドやレリギオの範疇《はんちゅう》に入らない、それらとはまったく別の新しい組織を作ろうと考えていた。だから、教会の常識的な表現が使用される傾向がきわめて強い教会公認の伝記である『聖フランシスコの生涯』にはわずか一回しか使用されず、またそれ以後の公式の伝記では使用されていない。

そして、先のデ・ベーアの引用にもあるように、フラテルニタス以上に、端的に具体的な「兄弟」についてフランシスコは語る。テオフィル・デボネは次のように説明する。

フランシスコ会史料集全体には二五万九九四一語が含まれている。最も頻繁に使用されている語は兄弟 frater で三一四三回見られる。すなわち平均して八三語に一回現れている。しかし、この点に作品ごとに差異がある。すなわち、チェラノの『第一伝記』では一八五語につき一回……ボナヴェントゥラの『大伝記』では一三三語につき一回……フランシスコの著作では七三語につき一回……『ペルージアの無名者』(『会の発祥もしくは創設』)では五九語につき一回……『ペルージアの伝記』(『アッシジの編纂文書』)では四三語につき一回である。

一見して分かることは、チェラノのトマスの『聖フランシスコの生涯(第一伝記)』やボナヴェントゥラの『大伝記』という公式の、つまり教会が認めた伝記は、「兄弟」という語の使用頻度が平均よりもかなり下回るにもかかわらず、フランシスコの伴侶と言われる特に親しい兄弟や彼らに近しい兄弟の書いたものでは、使用頻度が平均をかなり上回っていることだ。このことは教会が認めた「公式の伝記」と兄弟たちの「私的な伝記」の性格の違いをはっきりと示すものだ。つまり、前者は教会の現実に無理矢理フランシスコを押し込めているが、後者はフランシスコの実像をよりよく伝えていると言える。

フランシスコが兄弟として関わっていく現実をフラテルニタスという単語で示しているとすれば、その範囲はどのくらいの広さを持っているのだろうか。小さき兄弟会の兄弟全体だろうか、それともフランシスコのそばにいる兄弟に限定されるのだろうか。

一三世紀の半ば頃に成立したと考えられるフランシスカンの文学に *Sacrum Commercium*（『聖なる交わり』）というものがある。この文書の最後あたりに、貧しい婦人がフランシスコに「あなた方の禁域を見せてほしい」と言う場面が書かれている。禁域は修道者が日常生活を営む場で、修道者以外原則として立ち入れない空間だ。フランシスコは貧しい婦人を丘の上に連れて行き、見える限りの世界を示して、「これが私たちの禁域です」と語った。世界中が私たちの日常生活を送る場であり、修道者とか信徒とかそういう区別がない、すべてが兄弟として関わる場であると考えられるだろう。ここにも「フラテルニタス」あるいは「兄弟」の大事な意味が現れているのではないだろうか。

現代に必要なフラテルニタスの理念

フラテルニタスの本質が人と人との関わりが生み出す現実であるとすれば、フランシスコがレオに示した感情の動き、そして態度がフラテルニタスのあり方の一例であることも理解できるだろう。

さて、近代社会の始まりを告げるものとして、フランス革命が挙げられる。革命のスローガンとして「自由、平等、友愛（博愛）」は周知のものだろう。そして、「友愛（博愛）」として訳された言葉は Fraternité で、フラテルニタスから出ている言葉だ。

現代の社会、特に日本は自由が非常に強く強調されているように思える。もちろん、自由は私たちにとって重要な価値だろう。しかし、自由があまりにも暴力的に使われていないだろうか。ヘイト・スピーチをして、それを言論の自由だと主張すること。「慰安婦はなかった」あるいは「南京虐殺はなかった」あるいは「アウシュビッツはなかった」と言って他の人から非難されると、「言論の自由だ」と言うこと。あるいは、「経済活動の自由」と言って、貧しい人たちを搾取していくこと。私たちのまわりは、自由の乱用に満ちているのではないか。そして、それが人と人との関係を壊しているのではないか。現代の飢餓問題、貧困問題、差別の問題、すべて自由の乱用に根ざしていると言ってよいだろう。

自由の乱用の結果、弱者は強者によって蹂躙《じゅうりん》され、疎外されてしまうだろう。本来、自由はいろいろな束縛やとらわれから解放することによって、人間を生き生きとした存在にするはずだった。しかし、現代では、人と人との関係が失われ、人が疎外されていく。さらに、人と人との関係が物と物との関係に転換し、人が人間として扱われず、物として扱われるという物象化を招いている。

自由であることは、確かに重要なことであり、階級社会や独裁社会を多くの人は望まないだろう。近代は自由であること、平等であることを求めた時代と言うこともできる。特に、日本の近代は欧米化を行い、自由と平等を求めてきた。しかし、日本はこのフラテルニタスに関しては無理解のままでいたか、あるいはまったく無視してきたのではないだろうか。もちろん、日本だけではなく、グローバリゼーションそれ自体が自由と平等だけを振りかざし、フラテルニタスを忘れていると言えるだろう。

こういう世界だから、今、私たちはフラテルニタスの持つ意義をはっきりと主張する必要がある。兄弟として関わる、それが生み出す現実の豊かさをもう一度取り戻す必要がある。フランシスコがレオに示したような気持ちの動きをもう一度私たちは、見直さなければならないのではないだろうか。

人として愛情を持って接していく、同じ人間として関わり合っていく、そこにフラテルニタスが生まれてくる。フラテルニタスとは、「これがフラテルニタス」と定義できるものではない。関係の中で形が現れてくるものだ。この関係性の重要な構成要素として大事なものがある。それは、フランシスコの『レオへの手紙』の中で示されている「母のように」という言葉だ。これについては次章で触れる。

3　フラテルニタスと「母」、そして関係

母のように

『兄弟レオへの手紙』の中で、もう一つ重要なものは、「母のように」sicut mater という言葉だ。この「母のように」という言葉は、フラテルニタスにとってまた重要な意味を持っている。

フランシスコは「私は母のように、あなたに〝我が子よ〟と呼びかけます」と書いている。「母のように」とは、漠然と母性的なものを指していることは理解できるが、具体的にどのようなものかはっきり書かれていない。彼の別の作品の中に探してみると、『被造物の賛歌』(太陽の歌)に「母」という言葉で、フランシスコが何を示そうとしていたかを見いだすことができる。

私の主よ、あなたは称えられますように

私たちの姉妹である
母なる地のために。
地は、私たちを養い、治め、
さまざまの実と
色とりどりの草花を生み出します。

ここで地は母として捉えられている。それは「母」という言葉に含まれるイメージから来ているのは明らかだ。「母」は「養い、治め、生み出す」という動詞と結びつけられている。余談になるが、ここにキリスト教的エコロジーの考えに重大な転換を促す要素が一つ示されている。つまり、「地は私たちを養い、治める」ということだ。

よく知られているように、旧約聖書には「産めよ、増えよ、地に満ちて地を従わせよ。海の魚、空の鳥、地の上を這う生き物をすべて支配せよ」(創世記1・28)と書かれている。神は、人間が地を支配することを命じているのだ。リン・ホワイト・ジュニアが『機械と神』の中で触れているように、現在の生態学的問題は、この創世記の記述に発するキリスト教の考え方に起因するとされる。しかし、彼がまた同書で指摘しているように、生態学的問題の解決のために「フランシスコに帰れ」と言われていることは、フランシスコが「地による統治」を語っていることを考えれば納得いくのではないか。
話をもとに戻し、フラテルニタスの問題に戻ろう。フランシスコは「母」の役割を「養い、治め、生み出す」とまとめている。このような母性の内容はフランシスコのフラテルニタスの問題と密接に関わる。さらに、「養う」に関わるもう一つの事例を見てみよう。

クララの列聖調査書から

ここで紹介するのは、アッシジの聖クララの『列聖調査書』だ。クララの列聖のために、人びとの証言が集められ、まとめられ、報告書として教皇庁に提出されたものである。通常、このような『調査書』は、列聖されると破棄されるが、クララの場合、幸運にも、ラテン語で書かれ、提出された調査書から翻訳された当時のイタリア語訳が残っている。クララとサン・ダミアーノ修道院で生活をしていた姉妹フィリッパの証言の中で次のようにクララが語ったという記述がある。

一度ある夢の中で、私がお湯の入った容器とタオルとを手に携え、聖フランシスコのところに持って行きました。しかも私は高い階段を上がって行ったのです。それなのに、まるで平地を行くかのようにたやすく行きました。こうして聖フランシスコのところにたどり着きますと、この聖人は自分の胸元の乳頭をつまんで、私に言いました。『来て、つまんで吸いなさい』。そして私が吸い終えたとき聖人は私に『もう一度吸ってもかまわない』と言って勧めました。そこで私は吸ったのですが、それはとても甘く、美味しくて、どのようにしても言葉で言い表すことはできないでしょう。その上私が吸ってしまってからも、乳が出るあの丸みは幸いな私の唇の間でそのままになっていました。

一見するとポルノ小説を読んでいるような感じだ。非常にセクシャルなものが表現されているが、中世の世俗的な文学にはかなり直接的な表現が多いので、そういう文化的な背景から考えれば、サン・ダミアーノの姉妹であるにしてもフィリッパがこのような表現で証言したのは、それほど不自然なことではなかったのではないだろうか。しかし、やはり、このような表現は聖人となる人間にはあまりふさわしくないと思う人もいただろう。そのような考えが教皇庁の役人にも浮かんだのか、このエピソードはクララの列聖記念の伝記には載せられてはいない。教会官僚の堅物には受け入れがたい表現であったのだろう。

しかし、実は男性が乳を与えるという表現が、二世紀前半に成立したと考えられる『ソロモンの頌歌』にある。これは聖書外典に含まれるものだが、そこには次のような表現がある。

乳の入った杯が私のもとへと運ばれてきた。
私はそれを主の甘美さと快さの中に飲んだ。
その杯とは御子、乳をしぼられたのは父、
乳をしぼったのは聖霊である（『ソロモンの頌歌』第一九頌歌）

ここに、御父が「乳をしぼられる」という表現がある。このような御父が授乳する表現は、中世、特に一二世紀のシトー会の文献にも見られる。つまり、「育てる」あるいは「保護」のイメージを示すために、「母」のイメージを使用しているのだ。キャロライン・W・バイナム（中世霊性史研究家）や岡田温司（西洋美術史家）は、クレルヴォーのベルナール（一二世紀シトー会の修道院長）などは司教や大修道院長などに「生む」とか「育む」といった資質を求めていたことを指摘している。司教や大修道院長にはまず「統治」の役割が求められるのだが、これに「育てる」とか「保護」ということが結びつけられているのだ。

統治

シトー会の伝統の中で「治める」ことと「母性」がすでに結びつけられていた。ジェンダー論的に見ても興味のあることだが、母として「治める」すなわち「統治する」とはどういうことだろうか。

フランシスコ会の統治職は日本語訳では、「総長」「管区長」とか「修道院長」とか「長」が付いているが、もともとのラテン語ではそれぞれ minister generalis、minister provincialis、そして guardianus が使われている。ミニステルは「下僕、召し使い」、グアルディアヌスは「守衛、警備員」という意味だ。つまり、「支配する」とか「命令する」とか「許可を与える」責任ある人間というイメージはない。そうではなく、聖書にあるように「仕えられる者ではなく、仕える者」として、共同体のために奉仕をし、守るという役割なのだ。統治することは奉仕することなのだ。つまり、フラテルニタスにおける長上職は、フラテルニタスのために仕え、そしてフラテルニタスを守るという役割で、まさに母親が子どもにかいがいしく世話をし、また守るというイメージだ。このように「養う」というイメージが「治める」ことと結びつく。

当時の状況の中で、この「母」のイメージは、非常に重要なものだ。カトリックで、教皇を「パーパ」というように、三角形の位階制の頂点にある者は「父」であることが示されている。まさに、父権的な権力構造なのだ。そこでは、位階制の頂点にある者の「命令」「支配」「許可」というようなことが重要になっている。そして、さらに一二世紀のグラティアヌス法令集以後、教会自体が明確に聖職者中心主義を主張し、信徒に対する聖職者の優位性を打ち出している。そのため、教会の位階制はまったくの上意下達のあり方であり、強制的な、力による支配の形態になっていた。フランシスコの時代の教皇、インノケンティウス三世がフランス国王やイギリス国王を屈服させたり、破門したりして、教皇権の絶頂の時代を作り出したという、高校の教科書にも載っているような事件を想起しても分かるだろう。

このような教皇権の絶頂期に現れたフランシスコの考えは、「保護」「養う」「奉仕」のように、まったく異なったものとなっている。父権的な権力構造のあり方と異なる母性的な組織構造を示している。これは確かにフランシスコの独創的なものではないが、フランシスコはそれを徹底的に意識して行ったと言える。

フランシスコは若い頃騎士になりたかったと言われている。中世の封建社会における君臣関係の特徴は、私たちが想像するような絶対的な支配・服従関係ではなかった。特に、騎士道文学はそのような関係性を理想化した形で描き出している。君臣関係は、双務契約に基づく人格的な交わりであり、主君は家臣に対して保護・愛顧を約束し、家臣は主君に対して物的な援助と助言を与えるという理念に基づいていた。だから、たとえ主君であっても、契約違反をしたなら、家臣は主君に従う必要がなかった。

フランシスコが騎士にあこがれたことは、このような君臣関係に、双務契約に基づく人格的な交わりにあこがれたとも言えるだろう。

さらに、フランシスコは「より小さい者」として、権力を持ち、人を支配することを徹底的に忌避した。『一二二一年の会則』第五章では次のように述べている。

すべての兄弟は、人々に対し、ことに兄弟たちの間で、権力や支配権を振るってはならない。

フランシスコは「より小さい者」としてふさわしく権力から身を遠ざけている。フランシスコのフラテルニタスは、当時の教会の父権的権力構造とまったく異なる組織で、まさにオルタナティブなものであり、革命的なものであったと言えるだろう。それだからこそ、聖職者修道会化が完成すると、まったく父権的な権力構造になってしまうのも致し方なかったのだろう。実際、先に挙げた『一二二一年の会則』からの言葉は、『一二二三年の会則』の中ではすべて消えてしまっている。それ以外にも『一二二一年の会則』であれば、聖職者でない兄弟であっても、ラテン語を読むことができれば、詩編を唱え、聖務日課に参加することが可能だった。しかし、『一二二三年の会則』では、聖職者だけが聖務日課を唱えることになり、聖職者の優位性が実質的に確立している。つまり、能力による区別が、身分による区別へと変化して、聖職者という身分の優位性が確立してしまうわけだ。なんにせよ、フランシスコのフラテルニタスの変化、つまり堕落は急速に進んだのである。

フラテルニタスの現代への意義

フランシスコが生きようとし、作り上げようとしたフラテルニタスは、このような「母」としての組織構造を持つ。さらに、前回でも触れたように、フラテルニタスが「すべての他者に結ばれているものとしての互いの相互的関係を通してのみ存在する」のであれば、まず関係性がその基礎にあることになる。つまり、フラテルニタスは「こうあるべきもの」というものではなく、そこに介在するすべてのものの交わりや関わりによって、さまざまに変容しうるもので、一つとして同じものはないということだ。

さて、この関係性に基づく構造は、関係概念あるいは関（函）数概念に基づいているとも言うことができるだろう。二〇世紀初期のエルンスト・カッシーラー（ドイツの哲学者）が『実体概念と関数概念』で述べた認識論的転回のように、さらに、日本では廣松渉（哲学者）が「事的世界観」で示したように、まず、関係が実体に先行してくるのだ。廣松は次のように述べる。

「関係主義は、いわゆる物の〝性質〟はおろか〝実体〟と目されるものも、実は関係規定の〝結節〟にほかならないと観ずる。この存在観にあっては、実体が自存して第二次的に関係しあうのではなく、関係規定態こそが第一次的存在であると了解される」（『存在と意味』序文、vi-vii）

当時も、今もカトリック教会は基本的に実体概念に基づく、あるいはアリストテレス・トマス的存在論を基礎にしているが、フラテルニタスは実体論に基づくものではない。まず、廣松の言うように、関係が先行し、その後に形ができてくるのだ。だから、フラテルニタスは、まず「あるべき理想」に各個人が合わせていくのではなく、一人ひとりの交わり、関係の中から自然にその形式が出てくるのだ。そして、そこでは父権的な権力構造のあり方を取ることなく、奉仕としての統治、一人ひとりを保護し、養うというあり方になってくる。

現代の社会は、特に日本だと「第一の奉仕者」prime minister である「首相」あるいは minister である「大臣」が本当に奉仕としての統治をしているのかということが問われてくるのだが、まさか「忖度《そんたく》」を受けるようになってしまっては、国民の「奉仕者」ではなく、また国民に「仕える者」でもなく、そうではなく国民によって「仕えられる者」になっていることを示しているのだ。そして、企業においても役所においても、いかなる場所においても、父権的な支配のあり方、「命令」「許可」「服従」を求める支配のあり方が至る所で行われるのだ。家族制度においても変わることはない。そして、それが秩序 ordo を構成しているのだ。「オルド」という言葉は、このような父権的支配を前提としている。だからこそ、第1章でも簡単に触れたように、フランシスコは「小さき兄弟会」Ordo Fratrum Minorum という組織の「長」を辞めたと言えるのだ。「オルド」の「長」であることは、彼の生き方と真逆なものだ。フランシスコは権力的な「父性」ではなく、保護的な「母性」を生きたのだ。

我々の社会、特に多民族の共生、さまざまな人種がともに歩む世界においては、一つの民族あるいは人種だけで支配するのではなく、多様な存在の交わり、またその間の関係から構築されるあり方が重要になるのではないか。よりよい共生のあり方を求めて常に変化していく、そういうあり方がこれからの社会に求められるだろうし、また、そこにおける統治の形態は、「命令」「許可」「支配」に基づくものではなく、「保護」「育む」「奉仕」のような母性的原理に基づく形態が求められるだろう。フランシスコのフラテルニタスは、きわめて現代的なのだ。いや、現代においても、まったく革命的なものなのである。既存の父権的、権力的なあり方に対するもう一つのあり方なのだ。

4　出会い、そして孤独

フランシスコにとって人生の契機となったのは、レプラ患者との出会いだろう。このことがきっかけとなって、「世を出た」のだ。あまりにも有名なので、あえて挙げることもないかと思われるが、フランシスコは『遺言』の中で、次のように告白する。

私が罪のうちにいた時、レプラ患者を見ることはあまりにも苦いものでした。そして、主ご自身が私を彼らの中に導き、そして私は彼らとともに慈しみを行ないました。彼らのところから戻ると、私にとって苦いものが魂と肉体の甘さに変えられたように思えました。そしてしばらくそこにとどまり、世を出ました。

しかし、この『遺言』の言葉をあまりにも過大に評価することはできないだろう。二〇一七年三月に亡くなったイタリアの中世史家ジョヴァンニ・ミッコリは、「『遺言』は基本的なテキストであるが、決して過大評価をしないで、フランシスコが主体的に考え、そして回心と生活の固有の宗教的経験を生きた特徴と動機を学び、そして理解するための出発点でなければならない」と述べている。

それでは、『遺言』のテキストを出発点として、レプラ患者との出会いは、フランシスコに何をもたらしたのかを考えてみよう。

レプラ患者との出会いとフランシスコの回心

フランシスコは『遺言』の中で、レプラ患者との出会いの後、しばらく彼らのもとにとどまり、世を出たと言っている。あたかもサウロのように突然回心したようだが、フランシスコの回心のプロセスは急激なものではなく、もっと緩やかなものだった。

伝記に目を向けてみよう。列聖を記念して書かれたチェラノのトマスの『聖フランシスコの生涯（『第一伝記』）』では、実はレプラ患者との出会いは時系列的に位置づけされてない。トマスは、フランシスコのレプラ患者との出会いを司教の前での裁判の後、グッビオへ行ったエピソードの後に置いているが、「しかし、いと高き方の恵みと力によって、聖なる益あることを思い巡らし始めたとき、まだ世俗の衣服をまとっていた頃でしたが、ある日、たまたま一人のレプラを患っている人に出会うと、自分自身に打ち勝って、その人に近づき口づけしたのでした」（一七）と述べている。「まだ世俗の衣服をまとっていた頃」という表現から、トマス自身がこの伝記を書いた時には、フランシスコのレプラ患者との出会いを回心の過程のどこに具体的に位置づければよいか分かっていなかったのだ。

『三人の伴侶による伝記』では、フランシスコはローマ巡礼から戻って、アッシジの司教の指導を受けることになった直後にレプラ患者と出会う。そして、その後フォリーニョへ自分の家の反物を売りに出かけることになっている。

ボナヴェントゥラの『大伝記』では、プーリア遠征から引き返した後にレプラ患者との出会いが書かれている。また、「この頃」ローマ巡礼に行ったとも書かれている（『大伝記』第一章5）。つまり、ボナヴェントゥラも、ローマ巡礼とレプラ患者との出会いの時系列を必ずしも正確に把握していなかったと言えるだろう。

このように見てくると、『三人の伴侶による伝記』は具体的に、そして時系列をきちんと書いていることが理解できる。

さて、前述のように『三人の伴侶による伝記』では、レプラ患者との出会いの後に、フォリーニョに自分の店の反物を売りに行くようになっている。つまり、レプラ患者との出会いは、フランシスコにとってまだ回心の決定的な機会であったとは言えなかったようだ。フランシスコの回心の歩みは、これ以後まだ続くのである。『三人の伴侶による伝記』をもう少し見てみる。

〔フランシスコ〕は、アシジの郊外で馬に乗っていたとき、レプラを患っている人に出会いました。これまで〔レプラを患っている人々〕に対して多大な恐怖を感じていたので、自己心に打ち勝って馬から下りて、銀貨を施してその手に口づけをしました。そして、その人から平和の口づけを受けると、再び馬に乗って先に進みました。……数日後、多額の金銭を所持してレプラを患っている人々の施療院に自ら赴き、その人々を一つに集めると、その手に口づけをしながら、それぞれに欲するだけの施しを与えたのでした。そこから去るとき、まさしく、かつては苦く思えていたこと、つまりレプラを患っている人々を見たり触れたりすることが、甘美なものへと変わったのでした（『三人の伴侶による伝記』一一）。〈＊以下〔〕内は引用元の訳者による、補足〉

フランシスコが『遺言』で述べているように、「かつては苦く思えていたことが、甘美なものへと変わった」わけだが、ここでもう一つ重要なことはレプラ患者に施しをしたことだ。『三人の伴侶による伝記』では、前述したように、フォリーニョへ反物を売り、サン・ダミアーノの貧しい司祭に寄付をするという話が続く。フランシスコは困っている人たちに施しをしている。しかし、フランシスコはまた別の段階へと入っていく。

真に金銭を軽蔑する者〔となっていたフランシスコ〕は、窓枠の上に〔金銭〕を放り投げて、埃のように軽んじたのでした（同、一六）。

フランシスコは施しをするという、金銭を持っているからこそできることから、金銭そのものを軽蔑する態度に変化している。そして、さらに次のように気づいてくる。

お前は、どこへ行っても、ここまで親切にしてくれる、このような司祭に出会うとでも思っているのか。これはお前が選ぶことを欲した貧しい人々の生活ではない。貧しい人が皿を手に一軒一軒回って、必要に迫られて、〔皿〕の中に食べ物を集めるように、お前も自分の意志で、貧しい者としてお生まれになり、この世において極めて貧しい者として生き、処刑台の上で貧しく裸であられ、他人の墓所に葬られた方への愛のために生きなければならないはずだ（同、二二）。

そして、フランシスコは施しをもらいに街へ出て行き、残りものをもらう。

さて、このさまざまな物が一緒に載せられた食べ物をいざ食べようとしたとき、まず第一に震えおののきました。これまでの常として、そのようなものを食べるのはもとより、見たいとも思わなかったからです。しかしついに、自分に打ち勝ち、食べ始めました。すると、糖蜜を食べたときにも決して感じたことがないほどに、それは彼にとって美味しく感じられたのでした（同、二二）。

ここでの表現はレプラ患者との出会いの場面と実によく似ている。残りもの、おそらく残飯だったのだろう。食べ残し、そしてその不味そうな外見、汚さに震えたのだろう。しかし、それを克服すると、糖蜜以上の美味しさを感じたのだ。

次に、サン・ダミアーノ聖堂の修復をしている頃、聖堂に灯りをともしておくために、油を施してもらおうと街へ出た時のことだった。

ある家の近くに行き、そこに集まった人々が遊びに興じているのを見ると、彼らに施しを乞うのが恥ずかしくなり、後戻りしてしまいました。しかし、我に返り、罪を犯した自分を叱咤すると、遊興が行われていた場所に走り、そこにいたすべての人の前で、彼らの手前、施しを乞うことを恥じてしまったと自らの咎《とが》を告白したのでした。そして……神の愛のために油を乞い求めたのでした（同、二四）。

フランシスコは施しを願うのが恥ずかしくなり、躊躇《ちゅうちょ》するが、恥ずかしさを克服し、油を乞い求める。ここでもある段階から次への段階へのステップが見られる。

以上のように『三人の伴侶による伝記』の記述に沿って、フランシスコの回心の過程を見てきたが、フランシスコの回心は別の言い方をすれば、人間がある状況からまったく別の状況へと移り変わることを示すと言える。レプラ患者との出会いはその最初の契機と言えるだろう。

このことについて、イタリアの中世史家で、フランシスコの伝記を書いた故ラウル・マンセッリは次のように述べている。

フランシスコの回心の中心的な契機は貧しさのそれではなく……人間のある状況から別の状況への移行であり、ある周辺性への参加の受諾であり、疎外された者の中に入ることである。……これらの疎外された者について共通の特徴が貧しさであることは、付随し、不可避なものである。しかし、貧しさは回心の決定的な要素ではない。

この指摘は非常に重要だ。フランシスコといえば、私たちはすぐに貧しさを考えるだろうが、マンセッリはフランシスコの回心は周辺にいる者、疎外された者の中に入ることであると述べている。フランシスコは回心して、貧しさを選択したのではなく、疎外された者となったということであり、貧しさの問題は、それに必然的に付随するものだということだ。現代のフランシスカン研究の第一人者であるフェリーチェ・アックロッカも「フランシスコにとって、『世俗を出る』と『悔悛を行う』は貧しい者と共に、また貧しい者として生きることを意味した」と述べている。

独りとなること

フランシスコの回心の歩みを見ていくと、マンセッリの言うように、レプラ患者や食べ物を乞う者という、いわば悲惨な状況にある段階に入り、そしてその後恥ずかしさの克服という形で、悲惨な状況を積極的に受け入れるようになっている。

このように考えると、『一二二一年の会則』第九章はフランシスコが回心によって達した段階を端的に示している。

そして、卑しくて見捨てられている人々の中、貧しい人々と体の不自由な人々、病人、レプラ患者、道端で物乞いする人々の中で生活するとき、喜ばなければならない。

ここに示されているような人びとの悲惨な状況を受け入れ、それを喜ぶとはっきりと述べられている。このような人びとは何も持つことがない。社会から疎外され、見捨てられて生きることが、フランシスコの生活になったのだ。また、このような生活の状況の中では必然的に何も持てないということだ。そして、フランシスコはこの時期、まだ仲間がいなかった。だから、この状況の中で生きることは徹底した孤独を生きることになる。しかし、この「孤独」あるいは「何もない状態」にあるからこそ、新しい生を生み出すことができるのだ。

二〇世紀後半を代表するフランスのマルクス主義哲学者、ルイ・アルチュセールは彼の『マキャヴェリと孤独』という講演の中で次のように語ってる。

新しい国家を樹立するには、「独りである」ことが必要。いかなる政治にも欠かせない軍隊をこしらえ上げるには、独りであることが必要。最初の法を制定するにも独り、『基礎』を据え、揺るがぬものにするにも独りであることが。

新しいものを生み出すためには「独り」でなければならないことを主張している。そして、アルチュセールは「なぜに独りであらねばならぬのか？　この孤独は分離である」と述べる。この言葉について、社会思想家の的場昭弘が指摘しているように、新しいものを生み出すためには、それまでのしがらみやら伝統やら、そのようなものからまったく切り離されていなければならないことを示しているのだろう。そうでないと不徹底なものになってしまう。あらゆるしがらみや過去との関わりを断ち切ることで、まったくの独りに、孤独になる。しかし、そこから新しいものが生まれるのだ。

フランシスコは自らを疎外された人びと、周辺の人びとの中に置くことにより、孤独になった。また人との関わりを断ち、洞穴で祈った。そして、彼はまったく新しいものを生み出した。『遺言』の中で、フランシスコはよく「主が私に教えてくれた」、「主が私に示した」という表現を使っている。これは、神以外にはどのような人もフランシスコに教えることができなかった、教えることがなかったことを示している。つまり、彼は人間の、あるいは社会のしがらみにとらわれることなく、まったく新しいものを生み出したのだ。

このことは、私たちにとって大きな挑戦として迫ってくる。フランシスコの回心は、人間の悲惨の状態に共感することでも、そのような状態の人に仕えることでもない。疎外され、周辺化された人になることであり、徹底的に疎外され、関わりを失った状態になって、それまでのものとまったく違う新しい歩みを踏み出すことに他ならない。

別の言い方をすれば、現在の自己を肯定することでは結局何も変わらない。変化することはあり得ない。変わるためには、今までのものをすべて捨て去り、何もない状態、絶対的な孤独が必要になると言えるだろう。何もない孤独な状況にあるから、新しい関係性を結ぶことが可能になってくるのだ。

フランシスコの回心は長い時間をかけて完成した。しかし、レプラ患者との出会いや、施された残飯のような、日常的な状況とはまったく異なったものに出会うことで、それまでの価値観が、いわば破壊され、新しい状況へ移行していくことになった。フランシスコは単に貧しくなるのではなく、貧しさをもたらす、より根源的な疎外状況や周辺状況の中に主体的に入ることにより、まったく何も持たない状況、さらにはまったくの孤独になり、そこから新しい生き方を獲得した。現代の私たちに求められていることが、現在の状況を変革するためのまったくの新しい方法を模索することであるとすれば、私たちもその絶対的孤独を生きる必要があるのかもしれない。

5 「平和」を告げること

回心を経て世俗を捨てたフランシスコは、すべての人に悔い改めを宣《の》べ伝え始めた。彼は説教をする時、次のように述べていた。「主が、あなたがたに平和を与えくださいますように」(『第一伝記』二三)と。

ただ、これは必ずしもフランシスコの独創とは言えないようだ。『三人の伴侶による伝記』では以下のように書かれている。

後に〔フランシスコ〕自身が証言しているように、主の啓示によって、「主があなたに平和を与えてくださいますように」という挨拶を学んでいたのです。それ故、その説教のすべてにおいて、説教を始めるにあたって人々に平和を告げて挨拶していたのでした。

ところで驚くべきことに、この挨拶の言葉を告げるには、奇跡と認めざるをえないことがありました。その回心の前に、先駆者がいたのです。その人物は、「平和と善、平和と善」というようにして挨拶しながら、しばしばアシジを歩き回っていたのでした。これについて確信すべきは、キリストをあらかじめ告げ知らせた〔洗礼者〕ヨハネが、キリストが宣教し始めると姿を消したように、このいわばもう一人のヨハネも、平和を告げるにあたって、祝されたフランシスコに先立ち、しかし〔フランシスコ〕が到来すると、以前のようには現れなくなったのでした（二六）。

『三人の伴侶の伝記』もフランシスコが説教をする時に、「主があなたに平和を与えてくださいますように」と言っているということを述べているが、この挨拶を「学んでいた」と述べ、先駆者が「平和と善」と述べていたことをはっきりと指摘している。つまり、すでに当時のアッシジの周辺には、「平和」という言葉が人々の間に広まっていた。言い換えれば、「平和」ということに人々が常に関心があった、常にそれを望んでいたと言うことだ。

そのような背景があるからだろうか、フランシスコのもとに兄弟たちがやってくると、フランシスコは彼らを二人ずつ四組に分け、まずはイタリアのさまざまな地域に派遣したとされる。チェラノのトマスは『聖フランシスコの生涯（第一伝記）』の中で次のように述べている。「愛する者らよ、二人ずつ組になって、世界のさまざまな地方を通って、人びとに平和と罪の赦しのための悔い改めを宣べ伝えながら進んでいきなさい」（二九）。フランシスコは、単なる挨拶としてだけではなく、平和と悔い改めを宣べ伝えるようになった。

当時の平和を求める心

「平和を求める心」は一三世紀に初めて強調されたわけではない。この時代の人々は戦争に行くこと、武器を取ることは特別なことではなく、むしろ当たり前だった。つまり、戦いというものはそれほど日常茶飯事のことだったのだ。例えば、フランスの有名な武勲詩『ローランの歌』に出てくるランスの司教ジャン・テュルパンはその武功でも知られた存在であった。教会の高位聖職者の中には同時に騎士としての働きをする者もいたぐらい、戦乱が日常的だったのだ。そのため、教会は一〇世紀の終わりくらいから平和を提唱してきた。南フランスを中心に展開された「神の平和」「神の休戦」運動はその代表的なものだろう。このような教会の働きかけは、武器を持たない女性や子ども、商人や巡礼者、聖職者や修道士に安全を与えた。しかし、神聖ローマ帝国の力が強く、公的な司法権が機能していた北イタリア地方では、平和運動はあまり盛んにならなかった。北イタリアでは一二世紀になると神聖ローマ帝国と教皇の支持を得たロンバルディア同盟との争いが起った。よく知られている皇帝派（ギベリン）と教皇派（ゲルフ）との争いだ。

ミラノを中心としたロンバルディア同盟は皇帝に勝利し、自治権を得た。この自治権は、市民間の自由な連盟と平和条約からなっていた。それは争いや対立を暴力に頼らず、解決しようとする都市の市民たちの意志のあらわれだった。

しかし、多くのイタリア都市の社会的及び政治的変化はこの希望を無に帰してしまう。イタリアの都市は一二〇〇年以後、あたかもシェークスピアの『ロミオとジュリエット』に描かれているように敵対する一族同士の終わりのない抗争の深刻な影響を受けていた。上層市民が貴族から権力を奪う抗争をしていたし、ゲルフ（教皇派）とギベリン（皇帝派）が残虐な戦いをしていた。状況は田園地帯でも同じようなものだった。そこでは、封建領主が近隣のコムーネ（都市共和国）の侵略に抵抗しようとしていた。しかし、それはそのコンタード（都市の周辺領域）全体を彼らの支配下に置こうとするものでもあった。

フランシスコの青年期はまさにその渦中だった。皇帝との争い、貴族と市民との争い。フランシスコは戦場へ赴き、そして捕虜になり、ペルージアに幽囚された。クララはペルージアへ亡命を余儀なくされた。

そのような社会で、「主が、あなたがたに平和を与えくださいますように」という挨拶はどのようなインパクトを与えたのだろうか。フランスの中世霊性史家アンドレ・ヴォシェは次のように述べる。

この深い政治的及び社会的文脈の混乱の中で、フランシスコが行った挨拶の形式は場にふさわしくなく、取るに足りないものであるように思われた。しかし、最初の驚きが過ぎると、この短いフレーズの意味がよりよく理解される。党派や報復の間の抗争により混乱されて疲弊した都市社会に対して、アシジの貧しい者や彼の伴侶たちは、その社会がもっとも深く必要としたものを提供した。すなわち、平和である。財産を持たず、そしてすべてに服従する兄弟たちは民衆と争わず、そして事実ピースメーカーとなった。さらに、小さき兄弟たちのフラテルニタスの中では、異なった社会環境に属する人々が共存していた。世界において、互いに敵対者である民衆がである。この単純な事実は、彼らに効果的に抗争に介入する特権を与えるに十分であった（私訳）。

フランシスコたちの生き方、すなわち無所有で、すべてに従い、さまざまな出自の人々が共に生活をする生き方自体が平和を告げる者にふさわしいものだったのだ。人よりも物質的に豊かになろうとすること、人よりも上に立とうとすること、自分と異なった人を認めないこと、これらはまさに争いの原因となるものなのだ。しかし、フランシスコたちはそのような生き方とまったく逆な生き方をした。それゆえ、多くの人はフランシスコたちの平和の挨拶に耳を傾けたのだろう。

フランシスコの平和

平和を求めるフランシスコの姿を示すものとして、よく知られているものは、『被造物の賛歌』（『太陽の歌』）に付け加えられた一節をめぐるものだろう。この話は『完全の鑑』一〇一にもあるが、ここでは『アッシジの編纂文書』八四に載せられているものから取り上げよう。

これによると、まずアッシジの司教（グイド二世）が市長官（オポルトゥロのベルナルド）を破門する。市長官は町の道という道にトランペットを響かせて、司教に何も売ったり買ったりしないように、また彼と一緒に仕事をしないように布告した。当時重病で床についていたが、これを耳にしたフランシスコは「市長官と司教が互いに憎しみあい、誰も彼らの間に平和と和解をもたらすことができないのは、私たち神のしもべにとって大いなる恥です」と言い、『被造物の賛歌』に次の節を付け加えた。

私の主よ、あなたは称えられますように
　あなたへの愛のゆえに赦し
　病いと苦難を

耐え忍ぶ人びとのために
平和な心で耐え忍ぶ人々は
　幸いです。
その人たちは、
いと高いお方よ、あなたから
栄冠を受けるからです。

そして、フランシスコは伴侶〈特に親しい兄弟たちの呼び名〉に、市長官と市の主だった人々に司教館へ行くように告げさせ、すべての者が司教館に集まると二人の兄弟が立ち上がり、歌い始めた。市長官は、立ち上がり、福音を聞いているように手を合わせ、過去を振り返り、涙を流し始めた。そして、市長官は司教にゆるしを願うだけでなく「私の兄弟及び私の息子の殺人者にさえゆるしを願います」と述べ、司教の足下に身を投げ出した。司教は、彼を抱きしめ、立ち上がらせ、「私は謙遜でなければならないのに、怒りっぽい性格でした。私をゆるしてください」と述べ、二人は抱き合った。

『アッシジの編纂文書』に基づいてあらすじを述べてきた。市長官の心の動きを見ると「過去を振り返り、涙を流し始めました」とある。過去を悔い改めて、ゆるしを願っている。司教も自分のことを振り返り、悔い改めている。二人とも自分自身のことを振り返り、悔い改め、まず心の平和を取り戻している。そして、相手にゆるしを求め、二人の間に平和が取り戻される。別の言い方をすれば、罪の結果損なわれた神との関係を回復したあとで、世界（世俗）の平和を回復することができると言えるだろう。ということは、まず私たち一人一人の回心というものがなければ、平和を求めることができない、あるいは私たちの回心に平和は依存しているとも言うことができるだろう。私たちの回心、つまり私たちの善意に依存しているわけだから、平和は実に不安定なものだ。しかし、それでも平和を求める心が一つになると、大きな力を持つ。

一二三三年、無学な、巡歴する、どのような組織にも属さない角笛のベネデットという隠修士が、広場で角笛を吹いて、人々を集め、歌を歌い、悔悛を促す説教をしていた。彼のもとには多くの民衆が集まり、さらにはドミニコ会士やフランシスコ会士たちも加わり、その運動は北・中央イタリアの都市に広まっていった。

フランシスコ会士で年代記を書いたパルマのサリンベーネは子どもの頃、この運動を体験し、三〇年後に彼の『年代記』の中で次のように書いている。

これはアレルヤの時であり、後に言われたように、幸福と喜び、幸せと歓喜、賛美と喜びの時、静寂と平和の時で、あらゆる武器が脇に置かれた時であった。この時期、町や田園の人々、青年も若い女性も、老人も若者も、騎士や兵士でさえも歌や賛歌を歌った。この信心の精神はイタリアのすべての都市に現れた。私自身生まれ故郷のパルマで見たように、例えば、すべての小教区は聖なる行列の際に旗を掲げた。旗には小教区の固有の保護聖人である殉教者が描かれていた。……夕方、朝、そして昼に説教が行われた。そして民衆の群れは教会や広場で立ち止まり、両手を神に差し伸べ、賛美と永遠の祝福を願った。実際、彼らは神への賛美をやめることがなかった。彼らは神への愛に酔っていたのである。そして幸いな者は、もっとも素晴らしい善行をする者であり、神をもっともよく賛美する者である。彼らのうちには怒りも、混乱も、不和も、憎しみもなかった（私訳）。

人々の平和を求める心は大きな運動を引き起こした。フランシスコ会士たちがその発案者でないにしても、それに協力していき、平和のために働いた。フランシスコ会士ブレーメンのアレクサンデルは一三世紀の半ばに次のように書いている。「フランシスコは、抗争の中にいる男女に平和を取り戻したので、彼の会はエルサレムの光景を示した」。中世の伝統的語源学に従うと「エルサレム」はヘブライ語で「平和のビジョン」を意味していた。

今、何をすべきか

フランシスコは「主が、あなたがたに平和を与えくださいますように」という単純、素朴な言葉で挨拶をしていった。しかし、それは次第に人々の中に浸透していく。フランシスコたちの共同体が、さまざまな身分や階級の人を含み、何も持たずに、謙遜に暮らしていたからだ。アッシジの司教と市長官との和解にも見られるように、悔い改めをし、心の平和を取り戻すことが、実際の平和を確立するための前提なのだ。だから一二三三年に起こった「アレルヤの時」は悔い改めを喚起することから始まった人々の運動だった。そこでは性別も身分も年齢も関係なかった。まさに、ネグリ＝ハートが言うマルチチュード、すなわち多様性を保ちつつ、一つにまとまった集団とも言えるだろう。

カトリック教会は、平和を確かに求め、それを訴えている。しかし、それは残念ながら非戦ではない。教会は正当防衛としての暴力の行使を認めているし、また石川明人によれば、日本のカトリック教会は「正戦論」や「正当防衛」を認める考えにはまったく触れていないと述べている。言い換えれば、日本のカトリック教会は平和を訴えているが、教会の中にある都合の悪い考え方には真正面から向き合っていないととれるだろう。石川はまた次のように鋭い指摘をしている。

多くのキリスト教徒は「平和、平和」と口にするが、およそ人間の口から叫ばれる平和とは、ほとんどの場合、誰かにとって都合のよい「秩序」に他ならない。……ほとんどの場合、「戦い」は平和のためにと思ってなされるのであるから、平和を望む気持ちと、戦いを決断する気持ちとの間に、根本的な違いはないのである。

このように表裏の関係にある「平和」と「戦争」をどのように超克していけばよいのだろうか。それは単純素朴だが、フランシスコたちの生き方にあるのではないか。さまざまな身分や階級の人を含み、謙遜に暮らし、必要以上のものを求めない生き方。それは「誰かにとって都合のよい」ものを求める生き方ではまったくない。そして、ただ「平和」と述べていくことが、一二三三年の「アレルヤの時」へと向かったのだ。私たちもそこに希望をおき、多様性を保ちつつ、他者を排除せず、関わりによって一つに結びつきながら、「平和の挨拶」を繰り返してみてはどうだろうか。

6　フランシスコの「無所有」

フランシスコの「清貧」？

フランシスコといえば、清貧。フランシスカンといえば、清貧。そんなイメージがまかり通っている。しかし、そうではない。まず、「清貧」という訳語はおかしい。「清貧」はラテン語のpaupertasの訳語だが、paupertasは「貧しい」のであって、「清」なんて言葉はどこにもない。だから、paupertasは「貧」とでも訳しておけばいい。「清」というような倫理的価値観を付け加えるようなものはpaupertasという言葉にはまったくない。

そして、もう一つ。フランシスコは「貧」よりもむしろ「無所有」という言葉を使っている。いや、確かに「至高の貧」altissima paupertasも使っている。しかし、彼は一二二一年と一二二三年の二つの会則の中で、まず「無所有」を使用していることに注目したい。「無所有」、ラテン語で言えば sine proprio、つまり、「自分のものとしないこと」と意訳していいかもしれない。

今までのフランシスコ理解で決定的に間違っていたのは、「無所有」であることを「清貧」としてしまい、この「清貧」にただでさえ倫理的な価値が含まれているにもかかわらず、倫理的な徳目、つまり「単純さ」とか「謙遜」とか「従順」を結びつけて、徹底的に観念的で、霊性的なものにしてしまったことだ。フランシスコという歴史上希有《けう》な人間を、教会的倫理、あるいは霊性の甘ったるい言葉で過度に覆い隠してしまったということだ。例えば、ボナヴェントゥラの『大伝記』。確かに彼はその当時のさまざまな会への批判に応えるために、これを書いた。そして、そこでフランシスコを浄化、照明、一致の道をたどる聖人として描いた。その結果神学的・観念的なフランシスコ像を提示した。言い換えれば、批判を避けるために、神学的装いで、生身のフランシスコを覆い尽くしてしまったということだ。この例でもわかるように、神学的な言葉、あるいは霊性神学的な言葉は、ものの本質を覆い隠してしまうことがある。フランシスコをめぐる霊性に基づく言説は、フランシスコの持つラディカルな力強さを隠して、教会という「業界」にとって都合のよい甘ったるいものに変えてしまったと言ってよい。いずれにせよ、「清貧」などという言葉で、フランシスコの「無所有」の持つ革命的な意味を捉えることはできない。

「所有、それは窃盗」

では、フランシスコの「無所有」はどういうものか、伝記から例を挙げる。

別のときのこと、シエナから戻ろうとしていたところ、貧しい人に出会いました。聖者は同行の兄弟に言いました。「兄弟よ、貧しく惨めな人に、あの人のものであるマントを返さなければなりません。わたしたちはこれを、わたしたちよりももっと貧しい人に出会うまで、借り物として持っていたにすぎないのです」。同行〔の兄弟〕は、敬虔の念篤い師父にとってそれが必要であると考え、自分のことを疎かにして、他人に与えることのないように、頑固に反対しました。聖者は彼に言いました。「わたしは盗人でありたくないのです。もっと困っている人に与えなければ、窃盗のかどでわたしたちは訴えられるでしょう」。同行〔の兄弟〕は折れて、〔聖者〕はマントを手渡したのでした。

これはチェラノのトマスの『魂の憧れの記録（第二伝記）』第五四章の記述である。ここで、フランシスコは、自分の着ているマントの「本来」の所有者は貧しく惨めな人であると述べている。フランシスコが使っているマントは貧しい人からの借り物であり、それを「本来」の所有者に返さないことは、窃盗であると明言している。

一切の権力・権威を否定するアナーキズムの創始者として知られる一九世紀フランスのピエール・ジョゼフ・プルードンは一八四〇年に書かれた『財産とは何か』の中で、端的に「財産、それは窃盗である」と宣言する。フランシスコの言葉、そのものだ。フランシスコの「無所有」は根本的にこの原則に貫かれている。マントの「本来」の所有者は「貧しく惨めな人」なのである。それ以外の者は単にその「貧しく惨めな人」から一時的に預かっているに過ぎない。もし、速やかに返すことがなければ、その者は窃盗犯になる。所有は端的に犯罪行為なのである。ここには、いわゆるフランシスカン霊性で言われるような甘っちょろいものはない。ここで言われていることは、現実の中であらゆる権利を剥ぎ取られた貧しい人だけが、所有できることである。それ以外の人間は単に「借りている」だけである。それだけの話なのだ。霊性的なものはない。

ピエール・ジョセフ・プルードン。G・クールベによる肖像画

さらに、フランシスコの特徴的なことは、自分がマントを着用しているのに、つまり使用しているのに、速やかに「貧しく惨めな人」にマントを「返して」いることである。彼は使用権すらも放棄しているのである。たとえ、使用中であっても、「本来の」所有者に「返す」。そうでなければ、自分は窃盗犯

になってしまう。フランシスコは使用権をも含むあらゆる権利を放棄している。所有権だけではない。使用することすら権利として持つことはない。ここに「無所有」すなわち「自分のものにしない」という生きざまが現れている。

無所有のパラドックス

「貧しく惨めな人」はフランシスコの視点から見れば、レプラ患者であった。レプラ患者は、社会から疎外された存在であるがゆえに、あらゆる権利を剥奪された「貧しく惨めな人」であった。あらゆる権利を剥奪されたものが、すべてのものの「本来の所有者」であるというパラドックス。ここにフランシスコの考えの鍵となるものが示されている。

「無所有」であることは、すなわち社会から疎外されたということである。現代フランスの哲学者アラン・バデュウが、「存在論のフランシスカン」と呼ぶイタリアの哲学者ジョルジョ・アガンベンは、「フランシスカニズムは絶対的に法権利の諸規定の外にあって人間としての生活と実践を実現しようとする試み」と端的に指摘している。アガンベンのこの言説は、一四世紀前半のいわゆるスピリチュアリ論争を論じている中で出てきた言葉であるが、実際、フランシスコの生き方をはっきりと指摘している。

アガンベンが彼の『いと高き貧しさ』の中で指摘している点は非常に重要なものだ。「小さき兄弟」という名称の法的意味合いに注目して彼は言う。

近代の学者たちはこのことばをそのまま記載していながら、謙虚さや霊的従順さといった道徳的意味合いの方に目を向けていて、どういうわけか法的意味合いについては奇妙にも陰に放置したままにしてきた。

彼は、フランシスコ会士は、所有権が父に留保された子どもと同じであり、またレプラ患者と同等扱いされると述べ、「小さき」ゆえに、法的権利を剥奪されていることを指摘する。

フランシスコは「小さき兄弟」、あるいは「小さく貧しい者」と呼ばれることを好んでいた。これは単なる謙遜とか単純さだけではなく、自らを社会的に疎外された者と見なすことであり、法的な権利をまったく持たないことを示しているのだ。そう、我々はフランシスコのこの側面を見なければならない。単純とか謙遜とか、あるいは被造物への愛などという言葉で表現しきれない、人権のない、すなわち人間としての尊厳をまったく奪われた一人の人間としての面を。この点をきっちりと理解しないと、『聖フランシスコの小さき花』(一四世紀半ばに成立した説話集)の第八章にあるフランシスコの「完全な喜び」についてまったく理解できないのだ。「完全な喜び」はフランシスコが完全に人間扱いされなかったことゆえの「喜び」なのだ。

ここで、フランシスコは、小さき兄弟が増えても、聖性が素晴らしくても、病者をいやしても、学識があっても、自然すべてのことを知ったとしても、そこには「完全な喜び」はないと言う。「完全な喜び」は、「雨に濡れ、寒さに凍え、泥にまみれ、飢えに苦しみながらサンタ・マリア・デリ・アンジェリ」にたどり着き、門を叩いても、腹を立てた門番に「ならず者に違いない」と思われ、門の中に入れられず、そのためさらにしつこく門を叩いて、門番に「平手打ち」され、盗人やろくでなし扱いされ、さらには棍棒で打ち据えられたときに、感じられるのである。

この「完全な喜び」とは十字架につけられたキリストへの愛のために「耐え忍ぶ」とあり、神学的に動機づけられている。しかし、イエス自身も「あらゆる権利を剥奪された貧しく惨めな人」なのだ。フランシスコはこの点で受難のイエスに目を向け続けたのだ。そして、大事なことは、『小さき花』を書いた兄弟たちも、フランシスコの「あらゆる権利を剥奪された貧しく惨めな人」として生きるという企てを継承しようとしているということだ。

アガンベンがいかなる権利をも奪われた「剥き出しの生」と言うとき、それはフランシスコの「完全な喜び」と重なる。いや、フランシスコが生きようとしたのはまさに「剥き出しの生」なのである。アガンベンに従えば、ビオス（社会的・政治的生）を奪われ、ゾーエー（単に生物としての生）しか持たない「ホモ・サケル」がまさにフランシスコなのである。別の言い方をしよう。「ホモ・サケル」は古代ローマ法に規定されている「邪であると人民が判定した者のことである。その者を生け贄にすることは合法ではない。だが、この者を殺害する者が殺人罪に問われることはない」という人間である。つまり、殺害が処罰されず、犠牲が禁止されているということは、処罰する場としての世俗の領域と犠牲という神の領域、その二つの領域に存在しないものと言える。まさに完全に疎外された状況にある人間である。それはまさに当時の「レプラ患者」と重なる。フランシスコの「無所有」は「ホモ・サケル」として「剥き出しの生」を生きる状態である。だから、しつこく繰り返す。彼の「無所有」は「清貧」などという言葉で収まるものではない。

フランシスカンはホモ・サケルである。あらゆる権利を奪われた存在である。あらゆる権利を奪われた存在がなお生きることは、どういうことなのか。フランシスカンはそれを考える存在である。一四世紀のフランシスコ会の神学者ウィリアム・オッカムは、「極限の必要に迫られている場合にのみ、なんらかの使用権を持つ」と主張した。アガンベンは言う。

実定的権利が人々に与えられている通常の状態においては、彼らはなんの法権利も持たず、単に使用の許可だけを持つ。が、極限の必要性に迫られた状態においては、彼らは法権利（実定的ではなく自然的な権利）との関係を取り戻すのだ。

であるとすれば、なにも持たない者は、なにものをも持つ。

フランシスコが示した、なにも所有しないこと、貧しく惨めな人こそが所有するという考え方は、現代においてきわめて重要だ。資本主義社会は少なくとも「私有財産の不可侵」の原則に立っている。この「私有財産の不可侵」の原則は、いささか大雑把だが、フランス革命の「人権宣言」にさかのぼると言っても良いだろう。自由、平等、圧政への抵抗と並び自然権として位置づけられている。しかし、フランシスコの発想は、それを完全に否定する。所有はただ「貧しく惨めな人」にだけ留保される。近代資本主義社会を否定するものが、彼の「無所有」には含まれている。フランシスコは使用する権利さえも保持しない。「貧しく惨めな人」がいれば、その権利をも返却する。


フランシスコは、あらゆる権利をも自分のものにしなかった。彼は、私有財産の不可侵が確かに明白に規定された時代には生きていなかったが、商業の復興の中で、私有財産の不可侵の考え方が出てきた時代に生きていた。実際、彼は商人の息子として育ち、スポレトで父親の商品を売却し、父親に返還を命じられたことを考えれば、私有財産についての意識が強くなってきた時代の人間であった。しかし、彼は所有を窃盗とみなし、あらゆる権利をも放棄する立場に立った。

そして、彼は常に「貧しく惨めな人」が本来の所有者であると考えた。では、「貧しく惨めな人」が持っている人から返してもらったら、彼らは「貧しく惨めな人」ではなく、所有者になってしまうのではないか？　いや、そうではない。所有をした瞬間から、新たに生じる「貧しく惨めな人」にすべてを返すことになる。そこにあるのは常に動き続けることである。これは終わりのない運動になる。そして、それは私的所有を肯定する社会を真っ向から否定することになる。

また、あらゆる権利を持たず、しかし、あらゆる権利を保持することは、あらゆる権利から自由であることになる。それゆえ、「無所有」はアナーキズムになる。「無所有」を生きる者はアナーキストである。「所有、それは窃盗である」といったプルードンと重なってくる。第二ヴァチカン公会議の教父の一人アンリ・ドゥ・リュバックが指摘するように、プルードンも熱心なカトリック教徒だった。福音書に描かれているイエスの振る舞いにはアナーキーなところがある。安息日の規定を破ったり、大飯喰らいで呑兵衛と言われたり、罪人とされる人たちと食事をしたり。しかし、制度化した教会は「業界」となり、自らの利権を守るようになれば、本来アナーキーなイエスの振る舞いを換骨奪胎して骨抜きにしてしまう。だから、プルードンは教会と対立してしまう。

当然、フランシスコは当時の教会権力とぶつかることにもなった。しかし、彼は正面衝突を起こさなかった。アガンベンが指摘するように、「聖なるローマ教会の形式に従って生きること」と「聖なる福音の形式に従って生きること」の区別の重要さを思い起こす必要がある。フランシスコはこの区別をしたために、教会と直接対決することを避けることができた。しかし、それでも教会とぶつかることがあった。フランシスコはよく言われるように、教会に従順でも、忠実でもなかった。それについては、次の章でとり上げる。

7　フランシスコとクララの抵抗

フランシスコは聖職者あるいはローマ教会への敬意を払うように兄弟たちに諭しているとよく言われる。確かにそのとおりだ。彼は実際、『遺言』をはじめ、いろいろなところで教会への忠実、聖職者への尊敬を述べている。教会に、聖職者に忠実に見えるフランシスコだが、聖職者を批判しているエピソードが実は存在する。

思い出すだけでも敬意を禁じ得ないグレゴリオ教皇が、もっと低い役務に就いておられたころのこと、この方を聖なるフランシスコが訪問したことがありました。食事の時間が迫っていましたので、〔フランシスコは〕施しを乞いに出かけ、戻って来ると、司教の用意した食卓の上に黒パンの欠片を並べました。これを見ると、とりわけ初めて招いた客人の手前、司教はいささか恥ずかしく思われました。ところが、師父は、同席の騎士や補助司祭たちに、施しとして受けてきたものを、喜色満面に配り始めました。一同は驚きつつも敬虔な思いでそれらを受け、ある人々はそれを食べ、ある人々は畏敬の念からそれを大切に取っておきました。食事が終わると、司教は立ち上がって、神の人を奥の部屋に連れて行き、両腕で抱きしめて言いました。「我が兄弟よ、わたしの家はあなたとあなたの兄弟たちのものでもあるのに、どうして施しを乞いに出てわたしに恥ずかしい思いをさせたのですか」。聖者は答えて言いました、「むしろわたしはもっと偉大なる主に敬意を表すことで、閣下に誉れを帰したのではありませんか。なぜなら、主がお気に入りなのは貧しさであり、それもとりわけ自ら進んで行う物乞いだからです。ですから、『豊かであられたのに、わたしたちのために貧しくなられた』主に従うという、王のような威厳と気高い心意気を抱いているのです」。そして更に言い添えました。「わずかな施しで整えられる貧しい食卓の方が、数も数えられないほどに皿が並ぶ立派な食卓よりも、わたしにはずっと喜ばしいのです」。これを聞いて大いに啓発された司教は聖者に言いました。「我が子よ、あなたの目に善いと思われることを行いなさい。主があなたと共におられるのだから」。

これは『魂の憧れの記憶（第二伝記）』第四三章のエピソードだ。教皇グレゴリオ（＝グレゴリウス）とは、オスティアの枢機卿ウゴリノ。彼の食卓だから、豪華絢爛たるものだったのだろう。しかし、フランシスコは施しで得た黒パンの欠片をテーブルの上に並べたので、ウゴリノは面目を潰されたと思ったというエピソードだ。明らかにフランシスコは貧しさという観点でウゴリノを批判している。しかもこの批判の仕方は、フランシスコが常々言っている「模範を示す」というやり方だが、彼は高位聖職者の贅沢に対して、ある意味、とても陰険な仕方で批判したと言える。

フランシスコはこういう仕方で教会の高位聖職者に対して抗議をしているのだが、もっと直接的な仕方で闘争したフランシスカンの女性がいる。それはアッシジのクララだ。

クララの抵抗

アッシジのクララは、教皇に認可された女性のための修道会則を書いた初めての女性として知られている。教皇ベネディクト一六世は、二〇一〇年九月一五日に行われた一般謁見の演説でクララを取り上げ、そこで「彼女は教会の刷新に決定的な刺激を与えることができた」と述べている。また、貧しさに関して「この特権（貧しさの特権）に基づき、サン・ダミアーノのクララとその姉妹たちはいかなる物質的財産を所有することもできませんでした。これは当時の教会法にとって真の意味で特別な例外といえますが、当時の教会権威者はそれを彼女たちに認めました。

彼らがクララとその姉妹たちの生き方のうちに福音的聖性の実りを認め、それを評価したからです」と教皇は指摘している。しかし、実際はそんなのどかなものではなかった。

クララにとって大事なもの、守りたかったものはなんだったのか。それはフランシスコ会士との霊的なつながり、そしてフランシスコが教えた「貧しさ」、すなわち「無所有」だった。彼女はそれを守るために戦ったのだ。

例えば、彼女の列聖の時の『伝記』三七に次のような記述がある。

一度グレゴリウス九世が自分の許可なしに兄弟がクララの修道院へ行くことを禁じた時、信心深い院長は、姉妹たちがまれにしか聖書の糧を受けることが出来なくなったことを悲しみ、嘆いて言った。「教皇様は生命の糧の与え手を私たちから取り去られたのですから、以後は兄弟たちを一人残らず私たちから取り去って頂きましょう」と。そして直ちに兄弟たちをみんな総長の許へ送り返した。姉妹たちのため、精神の糧の施与係りが許されなくなったからには、ただ肉体の糧だけを貰い受けてくれる施与係りは、彼女にとって一人も要らなかったからである。グレゴリウス教皇はこれを聞いて即刻、かの禁令を緩和した書式にして再び院長の手もとに送り返した（宮澤みどり私訳）。

この背景にあるのは、一二三〇年九月二八日付の勅書『クォ・エロンガティ』である。この勅書で、教皇グレゴリウス九世は、兄弟たちがサン・ダミアーノ修道院に入ることを原則的に禁じた。このため、クララは兄弟たちの霊的指導が受けられないくらいなら、施しものを集める係の兄弟たち（この兄弟たちは禁域の外にいた）はいらないと、彼らを追い出してしまった。施しものを集めるわけだから、食べるものとか油とかそういうものを集めてくる兄弟たちを追い出したわけだ。つまり、簡単に言うと、クララたちはハンガー・ストライキをしたのだ。そして、教皇はクララの要求を受け入れた。クララは直接的な抗議行動を行い、教皇の考えを撤回させたのだ。

クララの抵抗はそれだけではない。例えば、彼女が自分たちと同じ貧しい生活をしたいと望んだプラハのアグネスにあてた手紙の中で次のように書いた。

アッシジのクララ。シモーネ・マルティニ画

ところでもし、誰かがあなたの完全になることを妨げたり、神聖な召し出しに反するような何か他のことを言い、何か別なことを暗示するならば、たとえ尊敬すべき方からのものであっても、その勧めには従わないでください（『プラハのアグネスへの第二の手紙』宮澤みどり私訳）。

この言葉は、教皇がプラハのアグネスたちには共同体としての所有を認めさせ、何も持たない「貧しさの特権」を許可しようとしなかった、という文脈の中にある。ここでいわれている「尊敬すべき方」は教皇グレゴリウス九世を指す。つまり、クララは、アグネスに対して、たとえ教皇が命じても、貧しさの特権に基づいた生活をしなさいと励ましているわけである。

しかし、こういうクララやアグネスの態度を教皇は苦々しく思っていたと考えられる。教皇は、一度アグネスに一二三八年四月一五日付で、「貧しさの特権」を与えるが、すぐに同年五月一一日付の書簡『アンジェリス・ガウディウム』で、アグネスに対して、「フランシスコはクララたちに、赤ちゃんが固い食物を食べることができないのと同じように、彼女たちにふさわしいミルクを飲ませたけれども、私はそのような生活様式を認めない」と書いた。つまり、フランシスコがクララに与えた規則は幼児向けのものであり、しっかりとした修道会にはそれにふさわしい規則があると言っているのだ。この言葉は明らかに、フランシスコの考えに基づく「貧しさ」を守ることを否定している。教皇はフランシスコの貧しさに基づく「貧しさの特権」に反対しているが、しかし、クララは「たとえ尊敬すべき方」すなわち教皇が何か言っても、「貧しさの特権」を守ることを主張している。

この状況は教皇グレゴリウスのあとに即位したインノケンティウス四世の時代でも変わらなか

った。教皇はクララたちに新しい規則を与えた。それはフランシスコ会とのつながりを強調していたが、貧しさに関しては他の修道会と変わらないものとなった。クララは怒り心頭に発したと思われる。当然それに対して反対し、自分で自分たちのための『会則』を書こうとした。それは少なくとも死の前の年に完成し、保護枢機卿に手渡された。保護枢機卿のライナルドゥスは保護枢機卿の立場からそれを認め、教皇に裁可をゆだねる返事をした。しかし、教皇には渡されなかったようだ。当時、クララは闘病していた。そして、死の前日に教皇の認可を知らせる手紙が届いた。なぜライナルドゥスは一年もほったらかしにしたのか。おそらく、クララの死が近いと考え、死んだらうやむやにしてしまおうと考えたのかもしれない。また、教皇庁も認可されたからと言って、いつまでもクララの『会則』を認可したままにしなかった。一〇年後の一二六三年にはクララの『会則』を禁止して、新しい『会則』を与えることとなる。

このような教皇とクララたちとの関係を見ると、先に挙げた教皇ベネディクト一六世の言葉、教会権威者が「クララとその姉妹たちの生き方のうちに福音的聖性の実りを認め、それを評価したからです」などと脳天気なことは決して言えないだろう。むしろ、教会はクララたちのフランシスコの想いと結びついた厳格な貧しさを否定し、古くから伝わる伝統的な考えに従うように命じ、他方クララはそれにあらがったと言える。

クララはフランシスコ会とのつながり、そして「貧しさ」を守るためには、教皇とも争ったのだ。それはフランシスコの理想を守るためでもあった。また、フランシスコの言葉に忠実であるためでもあった。フランシスコは晩年クララたちに言葉を残した。それは『フランシスコがクラに送った最期の意志』と呼ばれるものだが、彼はクララに、聖なる生活と貧しさのうちに常に生きるように勧め、「どんな人の教えや勧めがあっても、これから決して永久にそれてしまわないように、厳重に警戒」するようにと勧めたものだ。プラハのアグネスに対して同じような言い方をしているように、クララはまさにこの言葉を実践したのだ。フランシスコ自身も自分の理想を守るためには、教皇の考え方すら警戒していたのだ。

クララのこの徹底したフランシスコの理想を守る姿勢から、クララの死はフランシスコの第二の死とも呼ばれることがある。フランシスコ会の兄弟たちの多くは、フランシスコの死後、彼の理想を緩やかにしようとしてきた。エリアをはじめとする伴侶たちはそのような会から身を引くかのように、隠遁生活をしたりしていた。しかし、レオもアンジェロも、あるいはジネプロも彼女の臨終の床のそばにいた。クララとエリアやレオをはじめとするフランシスコの伴侶との交わりは、フランシスコ会の歴史を考える上で、その重要性を考えなければならないものなのだ。

クララの抵抗が意味するもの

クララの抵抗が意味するものはなにか。それは、権力がある固有の団体の独自性を認めず、伝統的な価値観やあるいは常識的な考えというようなもので支配していくことに対する抵抗だろう。クララはひたすらフランシスコの教えに従って、貧しさを守っていた。しかし、教皇庁は伝統的な修道院のやり方にクララたちを無理矢理押し込めようとしていった。それに対してクララたちは自分たちのアイデンティティーを守るために闘った。それも倦《う》むことなく、執拗に、決してあきらめることなく、理想を守り続けた。

特に日本の社会は権威主義的な体質がまだまだ非常に強く、そのうえ、変なナショナリズムがあり、他者、あるいは自分たちと異なった存在を拒絶する傾向が強くある。あるいは、最近の戦前回帰への傾向、あるいは自分たちと異なる意見を封殺しようとする政権の動き、一つに無理矢理まとめようとするファシスト的な、全体主義的な動きに対して、自分たちの独自なものを守ろうとすることは抵抗することにつながる。

それだけではない。グローバリゼーションの下で、それぞれの地方の持つ独自性はどんどん消えていき、また人々の生活も均一化されてきている。しかし、それはあくまでも表面上のことであり、実際にはそのグローバリゼーションに取り残された人々が存在し、人間として健康的で、安全な生活をしているわけではない。二〇一四年の段階で、世界中で一パーセントの人間だけが世界の富の半分を所有していると言われている。富は完全に少数の人間が占有し、その反面たくさんの人が飢餓、貧困に苦しんでいるのだ。

そのような情況の中で、前回で述べたように、「すべての権利を剥奪された存在としてのフランシスカン」は、ジョルジョ・アガンベンが言うように、「絶対的に法権利の諸規定の外にあって人間としての生活と実践を実現しよう」と試みる存在だ。フランシスカンは全世界の大多数を占める貧困者層と結びつく。フランシスカンは、飢餓、貧困という現実を肯定するのではなく、しかしその情況の中で、「人間としての生活と実践を実現しよう」と試みることのできる存在なのだ。

フランシスカンは、グローバリゼーションの中で、飢餓や貧困の中で、法権利の枠外にある人々をも含む無名で多様な人々と、その時々の関わりの中で、超国家的で自由なネットワークを造り、その中で「人間としての生活」を生きていくことを求める存在だと言えるだろう。そして、ネグリ＝ハートが言うグローバルな〈帝国〉なるものの中で、それとは違う生き方があるということを主張していくことになるだろう。ネグリ＝ハートが彼らの『〈帝国〉――グローバル化の世界秩序とマルチチュードの可能性』の末尾にフランシスコを引き合いに出したのは、そのような可能性を持つ存在だからなのだ。その抵抗、あるいは反抗は、クララがしたように、執拗な、倦《う》むことのない、決してあきらめることのないものだ。不屈の民による不屈の抵抗なのだ。

追記　本稿を書くにあたり、著者の脳内に響いていたのが、フレデリック・ジェフスキーの『「不屈の民」変奏曲』だ。これは、本稿の通奏低音である。

8　フランシスコのプレゼピオ

クリスマスといえば、どこの教会でもプレゼピオ、すなわち「馬小屋」を準備するものだ。そして、だいたいどこの教会でも素晴らしいプレゼピオを作っている。いろいろと高価な人形を並べたり、ジオラマに凝ったり。私が見た中でいちばんびっくりしたのは、アッシジの聖フランチェスコ大聖堂の教会前の広場に作ってあったプレゼピオだ。等身大のマネキンを使って人物を配置し、広場の一角を舞台としたもの。

プレゼピオはアッシジのフランシスコが始めたと言われている。しかし、事実はそうではなさそうだ。

このような形で降誕を迎えるのは九世紀にさかのぼるようで、九世紀のアルプス以北では「劇的聖務」Uffici drammatici というようなものが行われていたとのこと。福音の重要な場面を思い起こすために典礼の中で行われる劇のような「対話」だった。これはさまざまな起源のものが集まり、内容によってグループ分けされて、最終的に降誕の中心的テーマに結びついた四つのテーマに分けられるようになった。

それらは、まず「預言者のテーマ」Ordo Prophetarum、「羊飼いのテーマ」Officium pastorum、「マギのテーマ」Officium Stellae、そして「幼子の殺戮《りく》」Officium Rachelis。中世の間、これらのOfficium は降誕の荘厳ミサの中では独立して行われていた。それが、一二～一三世紀の間には「降誕劇」Ludus de Nativitate になるまでに発展した。特にマギのテーマでは、教会の内部に原寸大の飼い葉桶《おけ》を置

アッシジの聖フランチェスコ大聖堂の広場のプレゼピオ（著者撮影）

いたそうだ。要は、受難劇みたいなものだ。

だから、厳密に言えば、プレゼピオはフランシスコが始めたものではない。少なくとも父親のピエトロ・ベルナルドーネがフランスの方にも商売で行っていたと言われているので、フランシスコは、降誕のときのかの地の習慣を聞いていたのかもしれない。

私の記憶が正しければ、二〇〇二年にグレッチオでフランシスコのプレゼピオに関するシンポジウムが開かれたとき、ある研究者がプレゼピオを発明したのはフランシスコではないと言ったところ、フランシスコ会の多くの兄弟は口々に不満を述べたという。しかし、別にフランシスコが最初に行ったというようなことに、フランシスカンがプライドを持たなくてもいいだろう。もっと大事なことは、フランシスコがこの習慣をどうしてグレッチオで行ったかというところじゃないのか。一番とか二番とかはどうでもいいことで、そんなものにプライドをかけてもしょうがない。大事なことはなんで行ったか、という理由にある。

グレッチオの物語

グレッチオでの降誕祭を、チェラノのトマスの『聖フランシスコの生涯（第一伝記）』から引用してみる。

では、栄光に輝く帰天の三年前、わたしたちの主イエス・キリストの降誕の日に、グレッチオと呼ばれる小さな村で行ったことを思い起こし、敬意を込めて記念することにしましょう。その地に一人の人がおりました。ヨハネという名で、評判も善く、その生活振りは評判を上回っていました。祝されたフランシスコはこの人を特別の愛情をもって愛していました。その人が、その地方で気高く、多くの人から尊敬されていたのですが、肉による気高さを踏みにじり、精神の気高さを追い求めていたからでした。祝されたフランシスコは、よくそうしていたように、主の降誕の十五日ほど前、その人を呼び寄せて言いました、「もし、やがて来るわたしたちの主の祝日をグレッチオで一緒に祝いたいのなら、急いで行って、わたしが言うとおりに、しっかりと用意してほしいのです。わたしは、ベツレヘムでお生まれになった幼子を思い起こすとともに、このいたいけない幼子の居心地の悪さ、どのように飼い葉桶に寝かされ、どのように牛とろばがいる、干草の上に横たえられていたかを、この肉眼をもってでき得る限り見極めてみたいのです」。善良で誠実なその人はこれを聞くと、急いで走って行き、言われた場所に、聖者の言ったとおりのものをすべて用意しました(『第一伝記』八四)。

ここで、フランシスコが何を準備してほしいと言ったのか。彼は「このいたいけない幼子の居心地の悪さ、どのように飼い葉桶に寝かされ、どのように牛とろばがいる、干草の上に横たえられていたかを、この肉眼をもってでき得る限り見極めてみたいのです」と言っている。「居心地の悪さ」が言われている。つまり、幼子イエスが、どんなにひどい環境の中で生まれたかを感じたかったということだ。貧しさという言葉だけでは示すことができない、悪臭、寒さ、不衛生さ、そんなところに置かれた幼子イエスを感じたいというのが、フランシスコの考えである。

神の子であるイエスがとんでもなく悪い環境の中で生まれたことを感じようとしたためだ。それなのに、今の私たちが立派なプレゼピオを作ってどうしようというのだ。フランシスコの精神にまったく反しているではないか。フランシスコは贅沢なプレゼピオを望んではいない。望んでいないことをして、何か意味があるのか。あるのは、自分たちの単なる優越心とか虚栄とかそんなものでしかない。

そもそも、神学的に言っても、神がへりくだったという意味を具体的に示したのが、降誕ではないのか。現代のプレゼピオはそれを無視している。今の教会で作るプレゼピオは虚栄と傲慢の塊であって、何の意味もないものだ。そろそろ原点に戻ったらどうなんだ。

この物語の中心は?

さて、チェラノのトマスはさらに書き続ける。

神の聖者〔フランシスコ〕はレビ人〔すなわち助祭〕だったので、レビ人の装束をつけて、よく響く声で聖なる福音を歌い上げました。その力強い声、甘美な声、澄んだ声、よく響く声で、すべての人を至福の境地へと誘いました。次いで、周りに立っている人たちに説教をし、貧しい王の誕生とベツレヘムの小さな町について、蜜の滴る言葉で語りました。しばしば、キリストを「イエス」という名で呼ぼうとするとき、あまりにも大きな愛に燃えあがり、「ベツレヘムのいとけない幼子」と呼び、ベツレヘムという言葉を口にするときにも、羊の鳴き声のようにそれを口にし、その口は、音声よりも甘美な感情に溢れていました。「ベツレヘムのいとけない幼子」とか「イエス」という名を口にするときには、その唇は、幸いなる口蓋で味わい、この言葉の甘美さを飲み込むかのように、舌なめずりをしていました。そこに更に、全能なる方から賜物が加えられ、ある徳の高い人が不思議な幻を目にしたのでした。その人は飼い葉桶に横たえられた生気のない一人のいとけない幼子を見ました。見つめていた幼子に神の聖者が近づき、深い眠りから、その幼子を起こすのを見たのでした。しかし、この幻も、幼子イエスが多くの人の心において忘却の淵に沈められていたことを考えるなら、決して不似合いなものとは言えません（『第一伝記』八六）。

「ベツレヘムという言葉を口にするときにも、羊の鳴き声のようにそれを口にし」と書かれている。フランシスコは、「羊の鳴き声のように」、つまり羊が「べぇ〜」と泣くように、「ベツレヘム」を発音した。きっと、「べェ〜ツレヘム」とでも言ったのだろう。さらに、イエスの「名を口にするときには、その唇は、幸いなる口蓋で味わい、この言葉の甘美さを飲み込むかのように、舌なめずりをしていました」とある。

ここで描かれているのは、洗練さとまったく異なるものだ。フランシスコは騎士にあこがれたと言われている。しかし、ここに描かれていることは、騎士的・宮廷的洗練さとまったく別のものだ。むしろ、行儀が悪いとか子どものようだとか粗野とか、そんな感じだ。でも、それをフランシスコは行ったのだ。

想像してほしい。説教で司祭（まぁ、フランシスコは助祭だったが）が羊の鳴き声をまねしたり、舌なめずりをしている光景を。荘厳であるべき典礼で、真剣な祈りの場であるミサの中で、羊の鳴き声や舌なめずりをしているのはどうなんだ。ふざけた態度なのではないか。しかし、フランシスコはそれを行った。ここでのフランシスコの意図は何だ。おそらく、それは徹底した民衆的性格、というよりむしろイタリア語で「ルスティコ」rustico と言うべきものだ。それは「田舎の」「粗野な」あるいは「素朴な」とも訳されるものだ。

グレッチオという寒村での降誕祭を祝う、その場に応じた振る舞いなのか。そういう側面もあるだろうが、それだけではない。フランシスコの幼子イエスへの甘美な愛情に満ちた振る舞いという側面もある。しかし、もっとも大事なことはグレッチオをベツレヘムにすること、グレッチオがイエスの誕生の街であるということだ。人々の集まる都市ではなく、田園地帯に、イエスが生まれるということ。そこに重点がある。救い主は、大都市で、居心地がよく、衛生的で、立派なところに生まれるのではない。寒村で、居心地が悪く、非衛生的で、粗末な、素朴なところで生まれるのである。

また、もう一つ余計なことだが、飼い葉桶には、幼子イエスの像が置かれていなかったことにも注意すべきだ。幼子はある徳の高い人が見た幻に過ぎない。降誕の日に幼子イエスの像を持ってきて飼い葉桶に入れるのは、フランシスコに従えばふさわしくはない。

もう一度確認する。この物語の中心にあるのは、次のことだ。イエスは寒村で生まれる。居心地の悪いところで、生まれ、そこに置かれる。そこにはフランシスコの当時の心境があった。

当時のフランシスコ

このグレッチオの物語は、一二二三年の一二月のこととされている。このほぼ一カ月前、『一二二三年の会則』が教皇により認可された。この会則が作成されるにあたり、例えば『完全の鑑』第一章に記されているように、フランシスコに厳格な規則はやめてくれというような意見が管区長たちから出されたり、また枢機卿や教皇による介入も行われた。その結果、この会則は、一二二一年に作成された『一二二一年の会則』とずいぶん趣が変わっている。言い換えれば、一二二三年の会則は最初の兄弟たちの生活とかなりかけ離れた現実の中で作成されたもので、フランシスコにとってみれば、教皇庁や緩和を望む兄弟たちとの、いわば妥協の産物といってもよいものだった。

グレッチオでプレゼピオを準備したフランシスコの気持ちは、自分の設立した共同体が自分の理想とする方向と違った方向に向かっていることへの失望があったと想像できる。フランシスコ自身、自分の会の中で居心地の悪さを感じたのだ。だから、彼は死を前にして、「兄弟たちよ、主なる神に奉仕することを始めよう。これまでのところほとんど、いや全く何もしてこなかったのだから」(『第一伝記』一〇三)と述べ、原点に返ることを述べたのではないか。その思いが、幼子イエスの居心地の悪さに共感したのではないだろうか。

我々の課題

フランシスコはプレゼピオを初めて作ったわけではない。また、彼は絢爛《けんらん》豪華なものを作ったわけでもない。彼は、幼子イエスの居心地の悪さに共感したのだ。そしてまた、その居心地の悪いベツレヘムを再現しようとしたのだ。しかし、現在多くのプレゼピオはフランシスコの考えからかけ離れている。私たちは、幼子イエスの居心地の悪さに共感できていない。言い換えれば、私たちは居心地の悪さから目をそらしている。それは社会の中にはびこる不正や悲惨な境遇にある人々から目をそらしていることと同じだ。そのような態度は、この世界にある悪の問題から目をそらすことにつながる。私たちは自分に都合の良いものを見る傾向がある。しかし、それでは現実に存在する悪から目をそらすことになる。難民移住移動者や原発の問題だけではない。今の私たちの周囲には、さまざまな問題が渦巻いている。子どもの貧困、虐待、いじめ、不登校、引きこもり、高齢者の孤独死、差別など、あまりにも悲惨な状況のうちにある。なぜ、それらを見ようとしないのか。なぜそれらから目をそらせるのか。

フランシスコが居心地の悪さに目を向けたように、私たちも居心地の悪いものに目を向ける必要がある。無関心は、ある意味で悪に加担することだ。居心地の悪いものから目をそらすから、豪華絢爛なプレゼピオなどを作りたがるのだ。イエスは寒村の馬小屋の中で生まれ、飼い葉桶に寝かされたのだ。そこに目を向けないでどうするのだ。私たちは商業的クリスマスには無縁のはずではないのか。しかし、私たちは素朴で粗野な貧しいプレゼピオを作るのでなく、派手なものを作っている。おかしくないか？　そんなプレゼピオを作って、フランシスコが最初にそれを作ったなんて言って恥ずかしくないのか。あまりにも変ではないか。

私たちは居心地の悪いものに目を向けることにより、それに関心を持ち、それを克服するように招かれるのだ。居心地の悪いものを見つめることにより、新しい道が開けてくる。新しい道が開かれることは、新しい可能性が生まれるということだ。まさに、降誕にふさわしいことだ。

9　太陽の歌

フランシスコの創造観は、当たり前のことだが、徹頭徹尾中世的なものである。例えば『被造物の賛歌』。『太陽の歌』とも言われるこの賛歌は、きわめて中世的である。

この『太陽の歌』は、一三世紀の半ばに成立したと考えられる、そしてまた伴侶である兄弟レオにより収集されたと考えられるフランシスコの最古の小品集とされる、いわゆるアッシジのコーデックス三三八におさめられている。このコーデックス（左図）を見ると、前の作品との間に何も書かれていない部分がある。この空白の部分に旋律が載せられる予定ではなかったかとも言われている。もし書かれていれば、フランシスコたちがどのようにこの「歌」を歌ったのか、少しでも理解できたであろう。いずれにせよ、最古と考えられる小品集に収められていることで、この『太陽の歌』が兄弟たちの間できわめて重要なものであったことがうかがい知れる。

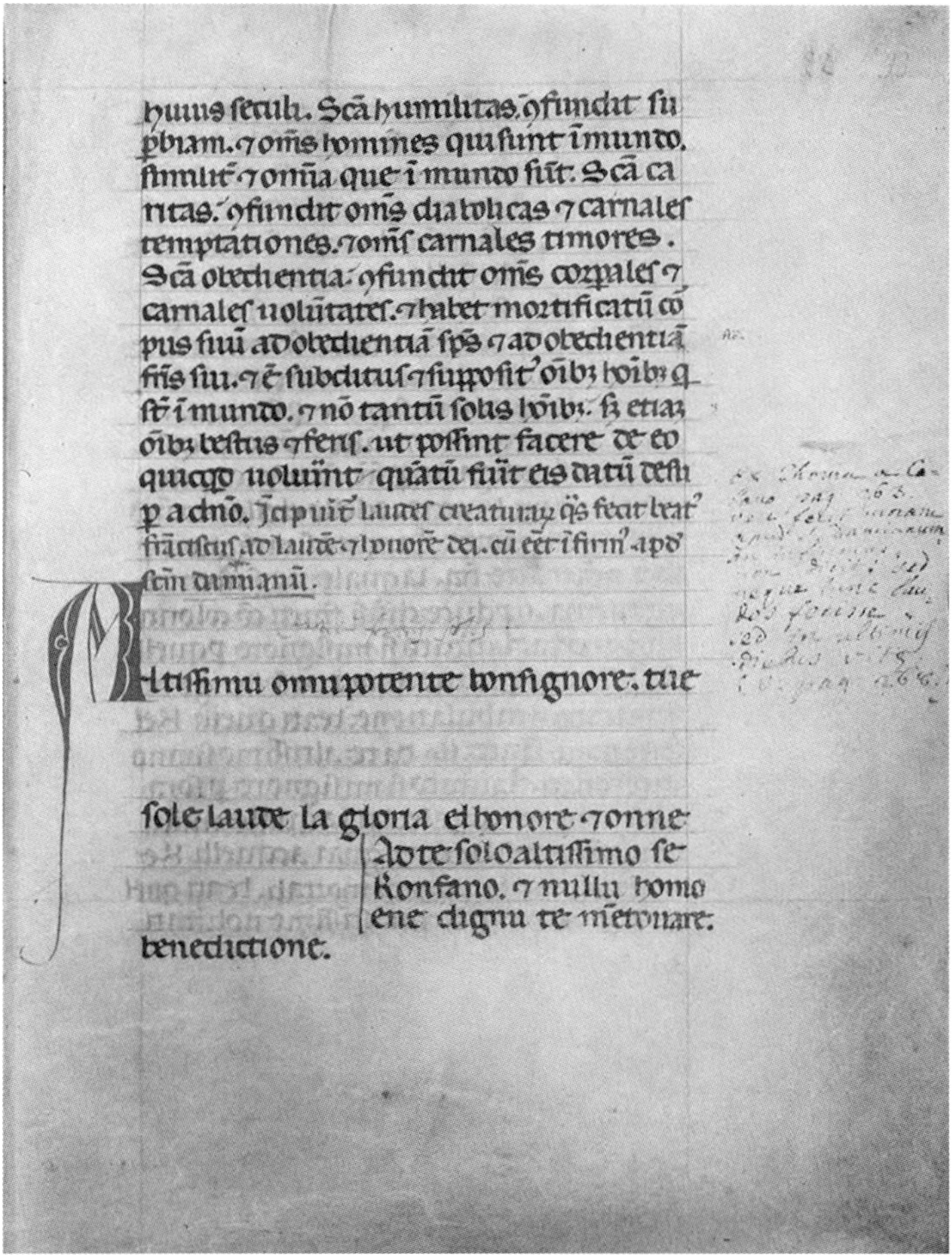
huius seculi. Sca humilitas. ↄfundit su
pbiam. ⁊ oms homines qui sunt i mundo.
similit̃ ⁊ omĩa que i mundo sut. Sca ca
ritas. ↄfundit oms diabolicas ⁊ carnales
temptationes. ⁊ omś carnales timores.
Sca obediencia. ↄfundit oms corpales ⁊
carnales uolutates. ⁊ habet mortificatũ co
pus suũ ad obedientiã sps ⁊ ad obedientiã
fris sui. ⁊ ẽ subditus ⁊ supposit' oib; hoib; q
st i mundo. ⁊ nõ tantũ solis hoib; s; etiã
oib; bestiis ⁊ feris. ut possint facere de eo
quicqd uoluerint quãtũ fuit eis datũ desu
p a dño. Incipiũt laudes creaturarũ qs fecit beat'
franciscus ad laudẽ ⁊ honorẽ dei. cũ eet i firm' apd
scm damianũ.
Altissimu omnipotente bonsignore. tue
sole laude la gloria el honore ⁊ onne
benedictione.
Ad te solo altissimo se
konfano. ⁊ nullu homo
ene dignu te mentouare.

『太陽の歌』がおさめられている写本、アッシジ338。

まず、庄司篤訳の全文を上げてみよう。

いと高い、全能の、善い主よ、
賛美と栄光と誉れと、
すべての祝福は
あなたのものです。

いと高いお方よ、
このすべては、あなただけのものです。
だれも、あなたの御名を
呼ぶにふさわしくありません。

私の主よ、あなたは称えられますように
すべての、あなたの造られたものと共に
太陽（殿）は昼であり、
あなたは太陽で

私たちを照らされます。

太陽は美しく、
偉大な光彩を放って輝き、
いと高いお方よ、
太陽こそがあなたの似姿を宿しています。

私の主よ、あなたは称えられますように
姉妹である月と星のために
あなたは、月と星を
天に明るく、貴く、
美しく創られました。

私の主よ、あなたは称えられますように
兄弟である風のために。
また、空気と雲と晴天と

あらゆる天候のために
あなたは、これらによって、
御自分の造られたものを
扶《たす》け養われます。

私の主よ、あなたは称えられますように
姉妹である水のために
水は、有益で謙遜、
貴く、純潔です。

私の主よ、あなたは称えられますように
兄弟である火のために。
あなたは、火で
夜を照らされます。
火は美しく、快活で、
たくましく、力があります。

私の主よ、あなたは称えられますように
私たちの姉妹である
母なる大地のために。
大地は、私たちを養い、治め、
さまざまの実と
色とりどりの草花を生み出します。

私の主よ、あなたは称えられますように
あなたへの愛のゆえに赦し
病いと苦難を
堪え忍ぶ人々のために。

平和な心で堪え忍ぶ人々は、
幸いです。
その人たちは、

いと高いお方よ、あなたから
栄冠を受けるからです。

私の主よ、あなたは称えられますように
私たちの姉妹である
肉体の死のために。
生きている者はだれも、
死から逃れることができません。

大罪のうちに死ぬ者は、
不幸です。
あなたの、いと聖なる御旨のうちにいる人々は、
幸いです。
第二の死が、その人々を
そこなうことは、ないからです。

私の主をほめ、称えなさい。
　主に感謝し、
　深くへりくだって、主に仕えなさい。

『太陽の歌』の成立事情は、『アッシジの編纂文書』84に記されている。

フランシスコは、何人かの善良で、霊的な兄弟たちが彼と共におり、神の賛美を宣《の》べ伝え、歌うためにこの世をめぐり歩くことを望みました。最高の説教者が民衆に最初の説教を行うことが彼の望みでした。……彼はこれらを「主の賛美」と呼んでいました。それは次の言葉で始まっていました。「いと高い、全能の、善い主よ」。そして、「太陽の歌」と題を付けられました。……彼が病気であった当時――「主の賛美」はすでに作られていました――アッシジの司教は市長を破門しました（『アッシジの編纂文書』八四、私訳）。

この記述を見ると、『太陽の歌』はいわゆる「ゆるしと和解」の前後で二つに分かれる。いいかえれば、創造のわざをたたえる部分が最初にでき、「ゆるしと和解」と「死」の部分はあとから付け加えられたものである。それゆえ、ここでは、創造のわざを讃える部分だけを問題にする。

被造物の賛歌

「いと高い、全能の、善い主よ、／賛美と栄光と誉れと、／すべての祝福は／あなたのものです。いと高いお方よ、／このすべては、あなたただけのものです。／だれも、あなたの御名を／呼ぶにふさわしくありません」（『太陽の歌』冒頭部分）

この導入の部分は、人間による主である神への賛美である。主が絶対的な存在であり、まさに不可謬《ふかびゅう》、不可侵な存在であることを示すフランシスコの想いがあふれている。

さて、次の節から、創造に関する部分が始まる。太陽、月と星々、風、水、火、地と扱われている。この七つの要素のうち、太陽、月と星々は天上に属するもの、そして風、水、火、地はこの私たちの世界に属するもの。この七つの要素で創造の全体が完結している。つまり、創造の七日間と一致している。ドイツのカプチン会士ニクラウス・クスターーによれば、中世において、太陽、月、そして星々のこの三つの要素は我々を超えた天上の世界を象徴化し、それらを通して、昼と夜、明るさと闇というリズムが生じているとする。さらに、太陽、風、火はラテン語で言えば男性形であり、月と星々、水、地は女性形である。つまり、男女のリズムも見られる。

また、同じくクスターーによれば、四つの被造物は、この世界に属するものであり、セビリャのイシドルス（六世紀の神学者）以来、世界はこの四つの元素から成立しているという観念があった。この四元素説は、古代ギリシアのエンペドクレス（紀元前四九〇年頃〜四三〇年頃）にさかのぼると言ってよい。フランシスコはこの四元素説を引き継いでいる。

さて、ここでまず注目すべきは「太陽」である。私は前掲の訳の「太陽」のあとに（　）して「殿」を入れた。原文で見てみると、spezialmente messor lo frate Sole とある。messor は閣下、殿とも訳せる語で、貴族などへの尊称として使われていた。庄司師の訳では抜けていたが、実はこの語の持つ意味は後ほどはっきりする。

太陽殿に関して、『アッシジの編纂文書』では次のように言っている。

太陽はすべての被造物の中で最も美しいものでした。それは、その他のものよりもよく神に比較することができました。……日の出の時、すべての人は日中我々の目に光を与えるこの天上の物体を創られたことで神を賛美しなければなりません。夜がやってくる夕方、すべての人はもう一つの被造物、すなわち暗闇の中でもはっきりと目が見えるようにする兄弟火のために神に賛美すべきです。私たちは盲人のようなものです。神が私たちに光を与えてくれるのは、これら二つの被造物を通してです。ですから、これら二つの被造物と毎日私たちに仕えてくれるその他の被造物のために、我々は特別な仕方でそれらの栄光あふれる創造主を賛美すべきです（『アッシジの編纂文書』八四、私訳）。

太陽は最も美しい被造物であり「偉大な光彩を持って輝く」ので、主の似姿を持っている。また、光に対する彼の関心から、フランシスコは視覚的な人間であることも分かる。

太陽が「殿」という尊称を付けられる権力的な男性的象徴性を帯びている一方で、女性的な特徴を明確に表現しているのが地である。

「私の主よ、あなたは称えられますように／私たちの姉妹である／母なる大地のために。／大地は、私たちを養い、治め、／さまざまの実と／色とりどりの草花を生み出します」（『太陽の歌』より）

ここで地は、姉妹と母という二つの女性的特徴を付与されている。男性としての、特に貴族のような力を持つ男性の特徴を明確にした「太陽」と母性的女性的特徴を明確にした「地」により被造世界は囲い込まれている。つまり、完結していることを示す。

このように『太陽の歌』の最初の部分を見ていくと、当たり前のことではあるが、フランシスコは中世のパラダイムの中にいる。しかし、きわだつのは、母性としての地の役割である。

世界を構成する四元素の中で、地だけにその他の被造物、すなわち植物が描かれている。風、水、火はその元素の性質である。これらの植物を「生み出す」ゆえに、地は「母」である。そして「私たちを養い、治め」るがゆえに、「母」である。この統治の役割を持つ母性は、第3章でも触れたが、フランシスコにとって大事なものであった。彼のフラテルニタスのまさに基本となるものが「母性」であった。

中世社会では領主は、利益と権力のもととなる地への権利を持つ者だった。地は利益と権力の源泉であった。それは父権的構造と結びついていた。それに対して、フランシスコは「母性」を持ち出している。これについて、フランスの中世史家ジャック・ダラランは次のように言う。「フランシスコの革命は単なる役割の逆転ではない。……地は支配するのではなく、よい母のように『私たちを養い、治める』と書いている」。つまり、創造における父性と母性の逆転ではなく、男性性と女性性を明確にしていると考えられる。そして、クスターも『太陽の歌』を説明する章を「兄弟姉妹としての創造」Eine geschwisterliche Schöpfung とタイトルを付けている。

フランシスコの創造観は兄弟姉妹としてのそれであり、神を男性性だけでなく女性性においても捉えていることだ。そして、母である地はさまざまな植物を生み出し、神を賛美する。

創造の美しさ

『太陽の歌』を読んでいると、美しさに関する言及が非常に多い。美しいという言葉は、「太陽」「月」そして「火」の三カ所で出ている。そして「光彩」splendore、「明るくする」ennallumini、

「色とりどり」coloriti とある。フランシスコは創造を美しさと結びつけ、さらにそれを視覚的な「光」のイメージで捉えている。フランシスコは創造に視覚的な美しさを見ている。世界を構成する四元素はそれぞれ美しさを持ち、そのことにより美しさを与えてくれた神を賛美する。これがフランシスコの創造観の中で大事なことではないだろうか。

創造と美は切り離せない。それも光と結びつく美をフランシスコは見ている。天上に属する太陽、月と星々、そしてこの世界に属する火は、その明るさを際立たせられているが、この世界の四元素は基本的に道徳的・倫理的な価値と結びつけられる。神によって創られた被造物は美しい。この地上もそれゆえ美しく、また光によって輝きを持っている。神による創造は私たちに美しさを与えた。被造物の持つ美しさは神によって与えられたものである。この輝きを伴う美しさは、世界を構成する四元素に与えられている。風は被造物を扶け養い、水は被造物にとって有益であるとともに、低いところに流れるため、謙遜であり、生きることに必要なので重要であり、また汚れを洗い流すためにきれいである。火は闇を照らし、そして炎のように力強い。特に地から生まれる植物は、実りを与えてくれるため、私たちを生かすものである。このフランシスコの想いは、まさに美しさに対する彼の想いでもある。

フランシスコは青年時代、大病の後、次のような体験をしている。

病気のほうもどうやら快方に向かい、杖を頼りに家の周りを歩き始めると、健康の回復も早まるように見えました。ある日のこと、彼は外に出て、あたりの景色を興味深く眺めていました。ところが、野原の美しさも、心を和ませるぶどう畑も、他のいろいろな景観も、一向に彼の心を楽しませてはくれませんでした（『第一伝記』三）。

彼は自然の美を感じられなくなっていた。しかし、彼は『太陽の歌』で再び自然の美を感じていた。彼は二〇年以上の歳月をかけて、創造の美に気づいた。それが自然の美を再び感じるように促したのだろう。それが彼の回心の歩みであったとも言えるだろう。

現代の私たちにとって

フランシスコは創造の結果として被造物に美を見いだしていた。神の創造の行為は美しさを与えるものであった。一度自然の美を感じなくなったフランシスコは、神の創造行為を歌うとき、再び被造物の中に美しさを見いだした。被造物は美しい。これがフランシスコの結論であり、そしてその美しさは輝き、光に満ちたものであり、闇を照らすものであった。

私たちにとって、本質的に重要なことは、被造物の美しさを損なうことは神の創造行為を顧みないということを認識することだ。カトリックが環境問題に関して発言することは、当たり前のことだ。私たちがこの世界の美しさを損なうことは、ゆるされることではない。日本の司教団が原発の存在をめぐる問題に対して明確にそれを否定する発言をすることは当然である。私たちは被造物の美しさに対してもっと鋭敏にならなければならない。この美しさは創造によるものなのだ。

『アッシジの編纂文書』には次のような言葉がある。

彼ら(フランシスコと善良で霊的な兄弟)は主に対して『太陽の歌』を歌いました。歌の終わりで、説教者は民衆に対して次のように申しました。「私たちは神の吟遊詩人です。私たちが望む唯一の報酬はあなたがたが本当の償いの生活に導かれるのを見ることです(八三、私訳)。

『太陽の歌』は本当の償《つぐな》いの生活へと私たちを促すものである。その意味で、私たちが被造物の美を知ることは償いの生活の一部でもある。

10　フランシスコと家族・家庭

フランシスコは一見すると家族にまったく恵まれなかったようなイメージがある。特に、父親は強欲の塊で、フランシスコを迫害したイメージが強い。例の司教館前でのフランシスコがすべてを脱ぎ捨てた騒動はあまりにも有名だ。しかし、この父親のイメージはチェラノのトマスの責任によるところが大きい。

チェラノのトマスの『聖フランシスコの生涯（『第一伝記』）』、を見ると、フランシスコの家族、すなわち両親に対してきわめて否定的な表現が目立つ。

ですから、この当時の詩人の一人が、「われわれは、両親の悪い習慣の中に育てられたので、幼い頃からあらゆる悪がわれわれを駆り立てている」と歌ったのも無理からぬことです。

この証言は真実でした。というのも、実際、子供たちに対する両親の望みが嫌悪すべきものであればあるほど、子供たちは惨めなものとなっていったからです(一)。

要するに、子どもの悪徳の原因は両親にあると言っている。トマスは、最初の部分からこのように「親の因果が子に報い」のような調子で語っている。最初からこの調子だから、両親に対する、特に父親に対する記述には厳しいものがある。例えば、フランシスコに対する悪評が町中に広まり、それを恥じた父親がフランシスコに対して行ったことは次のように描写されている。

フランシスコについてのこのような噂や悪評が、長い間、町の通りや広場で行き交わされ、嘲笑のどよめきがあちこちで沸き起こり、大勢の人の耳に入るようになると、ついには彼の父親の耳にまで伝わりました。彼は自分の息子の名前を聞き、町の人たちの騒ぎの種が自分の息子であるのを知ると直ちに、息子を救い出そうというよりは、打ちのめしてやろうと飛び出しました。平静を失った彼は、まるで狼が羊に襲いかかるように走り寄ると、怒りのこもった恐ろしい眼で息子をにらみつけると、いきなり殴りかかり、恥も外聞もなく彼を家に引きずって行きました。こうして、情け容赦もなく数日の間、暗い場所に閉じこめ、まず言葉で、ついで暴力をもって息子の意志を自分の意志に従わせようとし、ついには鎖で縛り上げたのでした（同、一一二）。

父親が暴力的で、凶暴に息子を懲らしめているという様子がうかがわれる。「狼が羊に襲いかかる」という表現で、その激しさが目に浮かぶようだ。しかし、トマスは明らかに誇張して書いている。実際にフランシスコの両親を知っているアッシジの人々にとってみれば、トマスの記述は不満が残るものだったと思われる。そのため、アッシジの公証人と思われる人が書いたとされる『三人の伴侶の伝記』では、同じ場面の記述で父親の凶暴さを描いているが、次のような表現も見られる。

一方、〔フランシスコ〕の父親は、〔息子〕がこれほどまでに惨めな境遇に堕ちたのを見て、ひとかたならぬ苦しみを噛みしめていました。実のところ、〔息子〕をとても愛していたので、〔息子〕の肉体が極度の苦行と寒冷のために死体と紛《まごう》ばかりになっているのを見て、〔息子〕のために屈辱と苦痛を感じており、見かける先々で〔息子〕を罵っていました（『三人の伴侶による伝記』一二三）。

この伝記的作品は、確かに父親がフランシスコをひどく迫害したことを書くけれども、息子の置かれた状況に悩み苦しんでおり、また愛しているがために、逆説的に罵ったという父親の複雑な感情が描かれている。この『三人の伴侶の伝記』は、おそらくは実際に現実のフランシスコの両親を知っている者の立場から、トマスの表現にある両親のイメージに修正を施していると言ってもよい。いわゆる『第一伝記』はフランシスコの列聖のための伝記なので、フランシスコに働いた神の力を強調するがために、回心前のフランシスコに厳しく、またそのために両親に対しても非常に厳しいという特徴がある。

フランシスコの家族はチェラノのトマスが「親の因果が子に報い」というような調子で描こうとしたものとは異なり、フランシスコは父母に愛されて育った子どもであり、父親の暴力的な態度はある意味で、愛情の裏返しと捉えられるかもしれない。いずれにせよ、いわゆる『第一伝記』で表現されているようなイメージとは異なり、フランシスコは両親に愛された普通の子どもであり、金銭的な余裕もあり、幸せな家庭の一員であったと言えるだろう。

禁欲と家族・家庭

次に、フランシスコの有名なエピソードの一つとして、冬に雪だるまで家族を作り、それを抱きしめるというエピソードがある。リリアーナ・カヴァーニが監督し、ミッキー・ロークが主演した『フランチェスコ』という映画でも表現されていたものである。ちょっと長いが、次のような話である。

サルテアノの兄弟たちの隠遁所において、神の子らの進歩を常に妬んでいる、あの悪い者は、聖者に対して次のようなことを企てたのでした。聖者がさらに聖なるものとされ、昨日の〔利益〕のために今日の利益を見逃すことのないのを見て、ある夜のこと、修房で祈りに潜心している〔フランシスコ〕に、三度その名を呼びかけました。「フランシスコ、フランシスコ、フランシスコ」。それに答えて言いました。「何をお望みですか」。すると言いました、「立ち返りさえすれば、主がお許しにならない罪人はこの世に一人もいない。しかし、あまりにも激しい痛悔によって自分を殺す者は、神の憐れみを受けることは永遠にない」。直ちに聖者は啓示によって敵の策略を知り、どのようにして自分を生ぬるい〔生き方〕へと呼び戻そうと懸命になっているかを知ったのでした。それでどうなったのでしょうか。敵はあきらめずに、別の攻撃を仕掛けてきました。このような罠では隠すことはできないと気づいたので、別の罠、すなわち、肉体の誘惑を準備したのでした。ところが、それも無駄でした。霊の狡猾さを見抜いた者が、肉の詭弁に翻弄されることはありえなかったからです。それ故、悪魔は〔フランシスコ〕に放蕩への非常に強烈な誘惑を送り込みました。しかし、祝された師父はそれを感じると、直ちに衣服を脱いで、次のように言いながら、荒縄の紐で自らを鞭打ったのでした。「おい、兄弟ろばよ、こうされて当然なのだ。鞭に服して当然なのだ。トゥニカは修道者のものだ。盗んではならない。出ていきたいなら、出ていくがよい」。

ところが、このような懲戒によっても誘惑が消え去らないのが分かると、全身痣《あざ》と傷だらけになっていたにもかかわらず、修房の戸を開け、庭に出ると、深い雪の中に裸のまま身を投じたのでした。そして、両手で雪をすくいとり、七つの柱の形に積み上げました。それらを前にして、体に語りかけ始めました。「見るがよい。この大きなものはお前の妻だ。これらの四つのうち二つはお前の息子たち、二つはお前の娘たちだ。残りの二つは男女の召使いたちだ。仕えさせるために必要だろうからな」。そして言いました「急いで彼らに着物を着せてやるがよい。冷えて死んでしまうから。だが、これらの者たちにいろいろ気を遣うのが煩わしいのなら、ただひとりの主に熱心に仕えるがよい」。たちまち悪魔は狼狽して逃げ去り、聖者は神をほめたたえながら修房に戻ったのでした。

そのとき、祈りに専念していた霊的に深い一人の兄弟が、月の光に照らされて、その一部始終を見ておりました。ところが、後に、その兄弟がその夜の出来事を見ていたことを聞き及ぶと、聖者は非常に心を痛め、自分がこの代《よ》に生きている間は、誰にも洩らしてはならないと命じたのでした(『第二伝記』、一一六－一一七)。

これはチェラノのトマスの『魂の憧れの記録（『第二伝記』）』のエピソードである。フランシスコが悪魔の誘惑、つまり肉体の、すなわち情欲の誘惑を受け、それに対抗するために、雪の中に飛び込み、雪で家族を作り、家族に気を使うのが煩わしいなら、主のみに仕えた方がよいとした。ここでは家族を情欲との関係で取り上げている。つまり、家族を情欲の結果として捉えているのである。

ボナヴェントゥラの『大伝記』第五章四にもこのエピソードが収録されているが、例えば、いわゆる『第二伝記』で「体に語りかけ」とあり、自分の身体に対することを明示するが、『大伝記』では「外なる人に向かって」とあり、実際に何をさしているのか明確でない。

チェラノのトマスが描いた二つのエピソードを中心に見てきたが、どうも彼は「家族」をあまり肯定的には捉えていないようだ。『第一伝記』は両親をひどく悪く書き、また『第二伝記』では情欲の克服の試みとして「家族」を引き合いに出している。さらに、「家族の煩わしさ」にも触れている。もちろん、これはフランシスコの「家族観」を示すものではなく、当時の修道生活における徳の問題が背景にあるからだろう。

しかし、このような問題は、案外現代にも影響しているようだ。

フラテルニタスと現代の家族・家庭

例えば、『カトリック教会のカテキズム』を見てみよう。そこで、家族についてどのように定義されているか。「家族の本性」と表題のついた箇所を引用してみよう。

2201　夫婦共同体は配偶者の同意の上に成立しています。結婚および家族というものは、夫婦の幸せや子どもの出産と教育とを目指すものです。夫婦愛と子どもの出産とによって、同じ家族の成員の間での相互のかかわりや大切な責任感が構築されるのです。

2202　結婚によって結ばれた男女は、子どもたちと一つの家族を作ります。この制度は公権が認める前に存在しており、公権としてはそれを認めざるをえないものなのです。近親関係に関するさまざまな形態というものは、通常は家族を基準として考えられなければなりません。

家族について「夫婦の幸せや子どもの出産と教育とを目指す」と書かれている。つまり、情欲に基づくのが家族の本性と言うことができる。まぁ、そこまで言うのはさすがに極端だとは思うが。しかし、修道生活とは考え方が根本的に異なる。

一般の「家族」と異なるのが、修道生活である。血縁関係がない者が「兄弟・姉妹」となり、上長を父とか母とか呼ぶのが修道生活の基本である。場所も生まれも育ちも違う者が一つの家族的な共同体を作り上げていくのが修道生活である。多少斜めな物言いをすれば、血縁関係にない人間が兄弟と呼び合うのは、任侠《にんきょう》の世界と同じだ。任侠の世界も「盃」という一種の契約というか契りで人格的に結びつけられていく。戯れ言はこのくらいにして、一般の「家族・家庭」は男女の結婚と血縁関係に基づくが、誓願に基づく関係により構成されるのが修道生活である。

フランシスコのいわゆる『第一伝記』でトマスが意図したのは、回心へと招く神の力を強調するために、フランシスコならびにフランシスコの家族を否定的に書くことである。『第二伝記』では情欲の克服をテーマにしたために、男女の結婚に基づく家庭を否定する必要があった。また、それはボナヴェントゥラの『大伝記』にも受け継がれていた。

しかし、修道生活では理念的にはまったく血縁による家族関係は反映されない。もちろん、クレルヴォーのベルナールが一族を引き連れてクレルヴォーに修道院を設立したり、あるいはクララのサン・ダミアーノ修道院にクララの母や二人の妹が入ったということはある。しかし、それはその血縁による家族関係が継続することを意味しない。そうではなく、新しい家族関係に入るのだ。言い換えれば、血縁による家族関係から関係による家族関係に入ることである。フランシスコが作ったフラテルニタスは関係に基づく共同体であったことを考えても、これは理解できるであろう。

さて、そうすると面白いことが考えられる。現代社会における家族・家庭のイメージはあまりにも急速に変化しており、従来の自然法に基づくカトリック教会の家族・家庭のイメージでは対応できなくなっていると言ってよいだろう。少子化、核家族だけではなく、事実婚、同性婚など、多種多様な家族形態が見られる現代社会では、男女の結婚・血縁に基づく家族形態では対応しきれなくなっている。

そのような文脈で考えると、関係に基づく共同体はこれからの家族・家庭について大きな示唆を与えるものになるのではないか。もちろん、血縁に基づかない家族・家庭は、例えば養子縁組のような形式でも存在していた。そうであれば、この関係に基づく共同体は決して理解しがたいものではない。

フランシスコが作ったフラテルニタスは、兄弟として結びつき、長上は父としての側面も持つが、しかし、それ以上に母としての特徴を持つことは、本書の中で再三述べてきた。フラテルニタスは疑似家族共同体として、ほぼ完全なものと言えるだろう。そうであれば、このフラテルニタスのあり方は、これからの家族・家庭のイメージを作り上げるモデルでもありえるだろう。

もちろん、カトリック教会の家族・家庭のイメージを全否定するわけではない。しかし、現実に現代社会においても、いや過去においても、自然法に基づくのではなく、関係に基づく家族関係が存在するのである。修道生活、フラテルニタスはまさに関係に基づく擬似的な家族共同体を作り上げる。事実婚あるいは同性婚など関係に基づく家族・家庭が現代社会の特徴であれば、そしてそれがカトリック教会の伝統的な家族・家庭観と拮抗するものとして考えられるのであるなら、フラテルニタスに基づく家族・家庭観は教会に新しい可能性を提示することにならないだろうか。

11　助祭フランシスコ

フランシスコは助祭であったとよく言われる。例えば、『聖フランシスコの生涯（第一伝記）』八六には次のように記されている。

神の聖者（フランシスコ）はレビ人（すなわち神の奉仕者、助祭）だったので、レビ人の装束をつけて、よく響く声で聖なる福音を歌い上げました。

グレッチオでの降誕祭での場面だが、フランシスコが助祭に叙階されていることがわかる。しかし、わざわざ「レビ人」、すなわち助祭と強調しているのは、何か不自然な感じもする。フランシスコが助祭であったことが一般に知られていなかったのだろうか。助祭であれば、彼は聖職者であった。しかし、フランシスコがいつ助祭叙階を受けたかは、明確ではない。というよりも、史料的にまったく調べることができない。要するに、どこにも彼が助祭に叙階されたという記録はない。

また、彼が自らの書いたものの中で自分自身を聖職者であるとしている個所はほとんどない。『遺言』の中で、「私たち聖職者は、他の聖職者と同じように、聖務日課を唱え、聖職者でない兄弟たちは、主祷文を唱えました」という記述がある。この個所は Officium dicebamus clerici secundum alios clericos, laici decebant Pater noster. となっており、「私」に対してよりも「聖職者」と「聖職者でない兄弟」との対比に重点があると言える。しかし、どうもこの個所くらいしか、フランシスコが自らを「聖職者」としている個所はないようだ。

当時の聖職者中心の教会のあり方からすれば、「より小さい兄弟」であるフランシスコが自らを「聖職者」と名乗ることは、自己矛盾に完全に陥ることであったに違いない。そもそも小さい兄弟たちにあって、聖職者であると名乗ることは、彼らの生き方に即してみても、実に異様なことであったに違いない。例えば、『一二二一年の会則』の第七章では次のように言われている。

兄弟は皆、仕え或いは働くために、どんな所で他人のもとにとどまっていても、奉仕する家の管理人や支配人にも、監督にもなってはならない。

つまり、兄弟たちは権力や権威、あるいは支配する立場、あるいは教える立場になってはならないということだ。ならば、聖職者として信徒を「教える」立場、「指導する」立場、聖職者という「権威」を振りかざす立場になってはならないのは、当然のことである。フランシスコが自らを聖職者あるいは助祭として語ることはありえないと言えよう。

会内の聖職者に対して

フランシスコが小さい兄弟としてのあり方の問題から、自らを助祭あるいは聖職者と呼ばなかったことは、当然会の中の聖職者たちにも影響を与えたことだろう。

フランシスコはいく通かの書簡を書いているが、その中に『全兄弟会への手紙』というものがある。この手紙には、特に聖務日課を唱えることについて、また、日常のミサについて書かれていることから、一二二四年一二月三日付の教皇ホノリウス三世の書簡『クィア・ポプラーレス・トゥムルトゥス』Quia populares tumultus 以降に書かれたと多くの研究者が指摘している。このホノリウス三世の書簡は、自分たちの礼拝堂の携帯用祭壇でミサを行うことができるという特権を小さき兄弟会に与えたものである。さて、『全兄弟会への手紙』の中に次のような文がある。

そのために、兄弟たちのとどまっているところでは、ただ一つのミサが、毎日聖なる教会の規定にしたがって捧げられるように、と私は主において戒め、勧めます。一つの所に二人以上の司祭がいるなら、一人は、他の一人の司祭のミサに愛徳をもってあずかることで、満足すべきです。

フランシスコの時代は、現在のような司祭の共同司式は存在しなかった。そのため、現代では共同司式が認められているから、ここに書かれたことは考慮しなくてもよいと言われている。しかし、問題はそのようなレベルの話ではない。

「そのために」という言葉がある。文脈上、これはそれまでの文章を受けてのことである。では、それまでの文はどのようなものか。

フランシスコはまず司祭志願者を含むすべての司祭である兄弟たちに、ミサを清い人として、清い意志を持ってささげるように述べ、「司祭である私の兄弟たち、モーセの律法について、たとえ外面だけにせよ、それに違反するものは、主ご自身の決定によって『容赦なく死罪に処せられていた』と書きしるされていることを思い起こしなさい」と警告し、聖体を大事にすることに注意を喚起する。そしてミサの中で、司祭の手を通して聖変化が行われる時のことに触れて、次のように言っている。

全宇宙の主、
神、神の御子が
私たちの救いのために
小さなパンの形色のうちに隠れるほど、
へりくだられるとは！
兄弟たち、神の謙遜を見なさい。

神がホスチアのうちにおられる、という謙遜について語っている。すなわち、神の謙遜について兄弟たちに注意を喚起している。つまり、これは謙遜の問題に関する文脈の中にある。だから、「そのために」という語句は当然清い司祭としての「謙遜」を指し示している。つまり、「一つの所に二人以上の司祭がいるなら、一人は、他の一人の司祭のミサに愛徳をもってあずかることで、満足すべきです」は、謙遜の問題と結びついてのことであり、また「より小さい者」としての振る舞いに関わっている。

また、当時、フランシスコ会以外の修道会での修道院ミサは随意ミサ、つまり「亡くなった先祖の霊魂のため」というような意向のあるミサが中心であり、司祭は意向を受けて、各自がバラバラでミサを、また時には各自が一日に何度もミサをささげていた。これは結局共同体から司祭である兄弟を分離させることになり、司祭職を特権視することへとつながることにもなる。さらに、随意ミサはミサ奉納金を得ることにも大きく関係していた。例えば、一二〇六年には教皇インノケンティウス三世が奉納金を得るために複数のミサを行うことを厳しく禁じている。つまり、当時修道会で行われていた随意ミサは修道院の経済の問題にも関わっていた。言い換えれば、随意ミサが多ければ、それだけ修道院は富裕になっていく。

フランシスコは当然、このような状況が自らの会に及んでいることを知っていた。例えば、ホノリウス三世の『クィア・ポプラーレス・トゥムルトゥス』と同じ内容の書簡が一二二五年八月二八日にパリ大司教に、二日後の八月三〇日にはランス司教に、さらに同年九月一三日に再度パリ大司教に対して出されている。特に、パリ大司教に二回にわたって出されていることは、最初に書簡が出されても、それが守られていないために小さき兄弟会士の要請によって再度出されたことが容易に想像できる。

「一つの所に二人以上の司祭がいるなら、一人は、他の一人の司祭のミサに」あずかることは、随意ミサを行う余地がなくなり、修道院での共同体のミサだけとなる。しかし、当然このことは修道院の経済、すなわち貧しさの問題に関わっているのである。フランシスコのこの『全兄弟会への手紙』は、会の聖職者に対して、「より小さい者」としての謙遜と貧しさの問題に関して注意を促していると言える。
フランシスコは会の聖職者に対して、特に司祭に対して、「より小さい者」として、他の修道会なら実践している各司祭が随意ミサを行うことを制限している。フランシスコにとっては、聖職者であることよりも「より小さい者」であることが明らかに優先されている。フランシスコは聖職者に対する尊敬を『遺言』の中で述べている。

その後、主は、聖なるローマ教会の教えに従って生活する司祭たちに対して、その聖位のために、私に大きな信仰を与えてくださいました。そして、今も与えてくださっています。それで、たとえ彼らが私を迫害しても、彼らにより頼みたいと思います。またたとえ、ソロモンが持っていたような勝れた知恵を持っていて、この世の貧しい司祭にあったとしても、私は、彼らの住む小教区内で、彼らの意志に反して、説教するのを望みません。また、このような司祭および他のすべての司祭を主のように畏れ、愛し、敬いたいと思います。また、彼らのうちに罪を考えたくありません。

確かにフランシスコはここでは司祭たちに対する尊敬を述べている。しかし、「私を迫害しても」あるいは「彼らの住む小教区内で、彼らの意志に反して、説教するのを望みません」あるいは「彼らのうちに罪を考えたくありません」という言葉がある。つまり、これは教区の司祭たちと小さき兄弟会の司祭である兄弟との間に何らかのトラブルが存在した、あるいは存在することを前提としている書き方である。

実際、説教活動をめぐってトラブルが存在した。例えば、『一二二一年の会則』第一七章は「説教者について」扱われているが、そこでは次のようにある。

兄弟たちはだれも、聖なるローマ教会の教えと規定に反して、また管区長によってゆるしが与えられたのでなければ、説教してはならない。なお管区長は、どんな兄弟にも無分別に許しを与えることのないよう注意しなければならない。

しかし、『一二二三年の会則』第九章では次のようになっている。

兄弟たちは、司教より禁じられた場合には、その教区内で説教してはならない。また、いかなる兄弟も、本兄弟会の総長より試験され、資格を認められ、説教の務めを与えられているのでなければ、決して人々に説教しようとしてはならない。

明らかに一二二一年から一二二三年のわずか二年間で、司教の認可、さらに管区長の許可から総長の試験というように説教活動が難しくなっている。特に、司教の認可が必要なことは、兄弟たちが地域の司教や司祭との間でトラブルを起こしていたことを前提としている。

小さき兄弟会の司祭である兄弟は、このように教区の司教や司祭たちとの間にトラブルを抱えており、その解決のために、教皇に書簡、すなわち特権を願っていたことが分かる。フランシスコはそのような状況を把握していたために、『遺言』の後半部で次のように述べている。

兄弟たちは、どこにいても、自分または他の人を通じて、聖堂や他の場所のために、または説教を口実に、あるいは迫害を逃れるために、ローマ教皇庁に敢えて書簡を願ってはならない。

フランシスコは会の司祭である兄弟たちが教皇から得た特権を批判しているのである。彼は会の司祭である兄弟たちの明らかに聖職者であることを前提とした振る舞いに対してきわめて批判的なのである。フランシスコは自分自身「より小さい者」であることを優先していた。だから、何よりも「より小さい者」であることを優先することを命じている。それは時代の流れの中で、急速に聖職者・司祭中心に移行しようとする会の動きへの反対の意思表明であった。聖職者であっても、司祭であってもまずはより小さい者として振る舞うことが要求された。

現代において

このフランシスコの振る舞いは会内のことであり、現代に生きる者には関係ないのだろうか。必ずしもそうではないと思われる。これは司祭と信徒との関係において何らかの示唆を与えてくれている。

現代の教会では、信徒の役割が強調され、信徒の能動的な参加が言われている。しかし、教皇フランシスコは『福音の喜び』の中で次のように指摘している。

信徒は言うまでもなく、神の民における圧倒的多数です。少数派すなわち叙階された役務者は、彼らに奉仕するためにいます。教会における信徒の、アイデンティティと使命についての意識は高まっています。共同体意識が根づき、隣人愛、信仰教育、典礼に大変忠実な多数の信徒がいますが、その数はまだ十分ではありません。そして、洗礼と堅信によって芽生えるこの信徒の責任意識は、あらゆる場で同様にあらわされているわけではありません。なぜなら、ある場合は、重要な責任を担うために必要な養成がなされず、別の場合では、信徒を意志決定の外におく過度の聖職者中心主義によって、部分教会の中で自分を表現し行動する場を見いだせないからです（使徒的勧告『福音の喜び』102）。

叙階された役務者、すなわち司祭・聖職者は神の民に奉仕する存在であるが、過度の聖職者中心主義によって神の民の活動が妨げられている現状を教皇は批判している。聖職者中心主義あるいは司祭中心主義は、信徒の役割を損なうものになっている。聖職者は権力者ではない。信徒に対する奉仕者である。聖職者は聖なるものではない。聖職者の祭司職は「役割であって、尊厳や聖性ではありません」（教皇ヨハネ・パウロ二世、使徒的勧告『信徒の召命と使命』51）。この点を信徒や聖職者は十分に理解しなければならない。

これからの教会はますます信徒の役割が重要になってくる。しかし、それを妨げるものが聖職者中心主義・司祭中心主義である。これには信徒の側にも責任がある。聖職者・司祭に尊厳や聖性を見ようとするから、聖職者が傲慢になっていく。信徒も意識を変え、彼らを奉仕者として見ていくことが必要である。彼らが奉仕者であることを自覚するように促していくのも信徒の務めになるのではないだろうか。

12　聖務日課を大事にしたフランシスコ

ミサあるいは聖務日課？

フランシスコはよく聖体を大事にしたと言われる。これは確かに間違いないことである。しかし、聖体を大事にしたということとミサを大事にしたということは必ずしも同じではない。例えば、『遺言』の一節を見てみよう。

私がこのように行うのは、現世において、いと高き神の御子について、目で見るものといえば、ただ主のいと聖なる御体と御血だけであって、これを司祭が受け、また司祭だけが他の人々に授けるからです。このいと聖なる秘跡が、万事に越えて敬われ、崇められ、とうとい場所に安置されるように望みます。書き記された主のいと聖なる御言葉を、ふさわしくないところに見いだしたならば、いつでもそれを拾い上げようと思います。また他の人々も、それを拾い上げて、ふさわしい場所に安置するよう、お願いします。

ここで言われているのは、聖体におけるイエスの現存と聖体やみことばを適切な場所に安置するということである。

フランシスコが聖体に対して強い関心を示しているのは、一二一五年の第四ラテラノ公会議以後とされる。この公会議では、聖体の実体変化ということ、正当に叙階された司祭でなければこの秘跡を行うことができないこと、それ以外にも聖油と聖体が施錠できる場所に保管されなければならないことなどを決めている。この保管の問題に関しては、一二一九年一一月二二日に教皇ホノリウス三世が『サネ・クム・オリム』Sane cum olim という書簡で、さらに推し進めている。

フランシスコが聖体を大事にするのは、このような教会全体の流れに沿ったものであった。一つには教会の教えに忠実であることを表明するのは異端の嫌疑から逃れるためであった。もう一つには司祭である兄弟が増えたことが背景にある。

フランシスコたちの最初の会則と言われるものは、教皇インノケンティウス三世によって口頭で認可されたものであった。口頭である限り、いつ認可を取り消されてもおかしくはない。だから、常に教会に忠実な姿勢を示す必要があった。

また、最初の頃の兄弟たちは主に信徒からなる集団であったので、ミサに与《あずか》るために近くの教会に通っていた。例えば、エジディオの伴侶であったペルージアのジョヴァンニの手になるとされる『会の発祥もしくは創設』には以下のような個所がある。

同じ頃、二人の兄弟がフィレンツェにいました。泊まるところを求めて町中をさ迷っていましたが、全く見つけることができませんでした。ついに、ある家までやって来ました。家の前には玄関があり、玄関先には竈《かまど》がありました。彼らは互いに言いました。「ここに泊まれたらいいなあ」。それで、その家の主婦に、家の中に泊めてくれないか聞いてみました。言下に断られたので、では、竈の傍でその夜を過ごすことを許してほしいと頼みました。（……）その夜、兄弟たちは朝課のために起きると、一番近い聖堂に向かいました。朝になり、ミサにあずかるために聖堂へ行った主婦は、そこで敬虔に謙遜に祈りに専念している〔二人の兄弟〕を見つけました（『会の発祥もしくは創設』二〇―二一）。

二人の兄弟が泊まっているところから一番近い聖堂で、聖務日課とミサに与っていることが記されている。最初の兄弟たちは基本的に巡回説教をしているから、自分たちの聖堂を持っていない。これは当たり前の状況だったのだろう。この状況が変化するのは、司祭である兄弟が増えてきてからである。特に、前回でも触れたように、一二二四年一二月三日付の教皇ホノリウス三世の書簡『クィア・ポプラーレス・トゥムルトゥス』Quia populares tumultus で、兄弟たちの修道院の聖堂や礼拝堂でミサをささげることができるようになってからである。聖職者の兄弟たちが自分たちの聖堂でミサをささげることができるようになれば、聖体の保管が問題になるのも当然である。

このように見てくると、フランシスコが聖体祭儀、ミサを大事にしたと言うよりも、聖体の保管を大事にしていると言えよう。

フランシスコと聖務日課

フランシスコの作成した二つの会則、すなわち『一二二一年の会則』と『一二二三年の会則』を見てみると、そこではミサに関して触れられておらず、聖務日課だけが触れられていることに気づく。また、『遺言』でも次のように述べられている。

> 私は平凡で弱い者であるにもかかわらず、会則に定められているとおりに、私のために聖務日課を唱える聖職者がいることを常に望んでいます。他のすべての兄弟も、このように自分の修道院長に服従し、会則に従って聖務日課を唱えなければなりません。

ここに書かれているように、晩年のフランシスコは他の聖職者の兄弟に聖務日課を唱えるよう求めていることを回想しているだけではない。アッシジのサンタ・キアラ大聖堂に納められている『聖フランシスコの聖務日課書』というものがある。その最初の頁におそらくは兄弟レオの手による由緒書きが残っている。そこには次のようにある。

聖フランシスコはこの聖務日課書を彼の伴侶である兄弟アンジェロと兄弟レオから手に入れた。健康な時は会則に書かれているように常に聖務を唱えることを望み、唱えることができない病気の時には、聞くことを望み、生きている間続けた。彼は写字者にこの福音集を書かせ、病気であるいは明らかな妨げでミサを聞くことのできない日には、その日教会で読まれる福音を読ませ、そして死の時まで続けた。すなわち、彼は次のように言った。「私はミサを聞かない時、キリストの体を心の目で祈りのうちに称えた、ミサの中でそれを見て称えるように」。福音を聞きあるいは読むことで聖フランシスコは最大限に主への敬意から常に福音書に口づけした（私訳）。

さらに聖務日課を唱える時の態度に関して、『魂の憧れの記録（第二伝記）』第六二章は『聖務日課を敬虔に唱えるべきことについて』と題して、次のように記している。

〔師父は〕聖務日課を敬虔に、それも畏敬の念をこめて唱えていました。目と胃と脾臓と肝臓とに病を抱えていたにもかかわらず、詩編を唱えている間は、決して壁や仕切りに寄り掛かろうとはせず、常に頭巾を外して、真っ直ぐに立って唱え、目をうろうろさせたり、音節を飛ばしたりするようなこともありませんでした。

徒歩で世俗を旅しているときには、それぞれの時課を唱えるために歩みを止め、馬に乗っているときには、地面に降りていました（『第二伝記』九六）。

病気を抱えているにもかかわらず、フランシスコが聖務日課を唱える時の真剣さが伝わってくる。寄りかからずに、まっすぐに立って唱えるフランシスコは全身全霊で祈っているとも言えよう。

さて、『遺言』からの引用で「聖務日課を唱える聖職者」となっているのは、『一二二三年の会則』第三章で、聖職者だけが聖務日課を唱えると規定されているからである。しかし、『一二二一年の会則』第三章では、聖職者でない兄弟もラテン語を読むことができれば、詩編書を持つことができると書いてある。

余談になるが、『一二二一年の会則』では、まだ『聖務日課書』、すなわちブレヴィアリウムという言葉はなく、「兄弟たちは聖務を果たすのに必要な書物だけを持つことができる」とあり、まだ『聖務日課書』が使われていないことを示している。しかし、二年後の『一二二三年の会則』では、「聖務日課書」という言葉が使用されている。このことは、その当時に教会内に成立し普及し始めた『聖務日課書』がまたたく間に会の中にも広がっていたことを示す。これは典礼史の中の重要な史料の一つでもある。

閑話休題。まず、私たちにとっても、特に『一二二一年の会則』第三章は重要である。ちょっと長いが、該当部分を引用しよう。

すべての兄弟は、聖職者も非聖職者も、自分たちが果たさなければならないとおりに、聖務日課と賛美と祈りを捧げなければならない。聖職者は、聖職者の習慣に従い、聖務日課を唱えて、生きている人々と死者のために祈る……兄弟たちは聖務を果たすのに必要な書物だけを持つことができる。詩編を読める非聖職者の兄弟たちも、それを持つことは許されるが、文字を知らない兄弟たちは、許されない。非聖職者は朝課に使徒信経と二四回の主祷文と栄唱、賛課に五回、一時課に使徒信経と七回の主祷文と栄唱、死者のために七回の主祷文とレクィエム・エテルナム、そして兄弟たちの過ちと怠りのために三回の主祷文を毎日唱える。

先にも触れたが、重大なことは「詩編を読める非聖職者の兄弟」と書かれていることである。この部分は『一二二三年の会則』では完全に削除されている。つまり、聖務日課を唱えることは聖職者の兄弟の特権となったということである。『一二二一年の会則』では、ラテン語を読むことができれば、すべての兄弟が聖務日課を唱えていた。兄弟間の平等が維持されていたが、『一二二三年の会則』では、聖職者中心に移行している。

フランスの典礼史家エリック・パラッツォは、典礼がいかに社会の構造に影響を与えるかを指摘し、また一〇世紀から聖体を口で拝領するようになるにつれ、司祭の社会的地位が高まるという。これと同じくして、いわゆるベレンガリウス論争（一一世紀の聖体に関する神学論争）を背景にし、聖体の実体変化が主張されてくると、実体変化説により高まった聖体への崇敬は、聖体拝領から信徒を遠ざける結果を招き、聖体にイエスが現存しているということは、これを扱う司祭への崇敬にもつながると述べている。

パラッツォ流に言えば、聖務日課を唱えるのが聖職者の兄弟に限定されていることは、まさに聖職者中心主義化が会の中で進行していることを示していると言えよう。しかし、フランシスコは、もともと非聖職者の兄弟であってもラテン語が読めるならば、詩編書を持ってよいと言っている。持ってよいということは、つまり唱えることを前提にしての話である。フランシスコにあっては、聖職者とか非聖職者とかの区別は存在していない。ラテン語が読めるなら、共に聖務日課を唱えていた。ここには聖職者中心主義は存在していない。しかし、聖職者の兄弟が増えてきて、聖職者中心主義がはびこってくる。

また、『聖フランシスコの聖務日課書』の記述に注意しなければならない。そこでは、フランシスコはミサを「聞く」と書かれている。今の私たちはミサを「聞く」とは言わない。フランシスコはミサに与るが、朗読を聞き、奉献文を聞くのであって、必ずしもいつも聖体拝領をしていたとは考えられないだろう。このことから初期のフランシスコ会の典礼の中心にあったのは、ミサよりもむしろ聖務日課であったと言えるのではないか。

例えば、『遺言』でも次のように言われている。

会則に従って聖務日課を唱えず、他の方法に変更しようと思っている者や、カトリック信者でない者が見つかった場合には、兄弟たちは皆、どこにいても、従順によって次のように行わなければなりません。すなわち、どこでそのような者を見つけても、その見つけた所で最寄りのクストス〈引用者注・中世フランシスコ会での長上の呼称〉に、彼を渡さなければなりません。クストスは、自ら彼を管区長の手に渡すまでは、自分の手から奪われないように、彼を囚人のように昼夜厳重に看守するよう、従順によって固く義務づけられます。管区長は、彼を囚人のように昼夜看守すべき兄弟たちに命じて、本兄弟会の主であり、保護者であり、矯正者であるオスチアの司教に手渡すまで、彼を護送させるように、従順によって固く義務づけられています。

会則通りに聖務日課を唱えない者はカトリック信者でないものと同列に扱われ、オスチアの司教に渡される、すなわち重罪として罰せられることになっている。ここではミサについては一言も触れられていない。フランシスコにとって聖務日課は教会とのつながりを示すものであり、ミサよりも決定的に重要なものだったのである。

まとめ

フランシスコはミサを大事にしたとは言えない。しかし、聖体を大事に保存したとは言えるだろう。むしろ彼は聖務日課を唱えることを大事にした。最初の兄弟たちは文字が読めれば、聖務日課を唱えていた。そこには聖職者と非聖職者という区別はなかった。これがフランシスコの共同体のあり方であるとすれば、兄弟が平等であることが重要であることも分かる。ミサであれば、どうしても聖職者の兄弟が優越してくる。エリック・パラッツォの指摘していることを考えれば理解できるであろう。彼の指摘によれば、典礼を通して聖職者中心主義が浸透していった。それは、マックス・ヴェーバー流に言えば、典礼が暴力装置として機能しているということだ。聖職者中心主義はまさに典礼を通して、あるいは秘跡を通して強化されたと言うこともできよう。もちろん、典礼それ自体は暴力的なもの、すなわち他者を支配していくようなものではなく、典礼を使って人を支配していくような人間のあり方が問題なのである。そのような中でフランシスコは聖務日課を通して神のみことばを味わっていた。ちょっと極端な言い方をすれば、ミサ、あるいは秘跡は聖職者中心主義へと招きやすい。なぜなら、秘跡の行使で必要なのは、司祭・司教だけだからである。信徒は実際蚊帳の外である。しかし、聖務日課、すなわち「教会の祈り」は、詩編を中心にして、私たち、必ずしも聖職者だけでなく、すべての信徒を神の言葉へと招くものである。もっと「教会の祈り」に関心を持ったらどうだろうか。

13　働くこと

戦後ほぼすぐと言ってよい一九四八年に「一三世紀の一乞食僧の社会思想」という論文が発表された。日本を代表する中世史家の一人、兼岩正夫氏の手になるものである。この論文は、ドイツのプロテスタント神学者で宗教社会学者エルンスト・トレルチの『キリスト教の諸教会と諸集団の社会教説』に基づき、フランシスコ会の社会階級面での位置づけをはかったものであった。しかし、問題はこの内容ではない。もちろん、この論文が古すぎるとかつまらないというのではなく、この論文で提起されている問題意識は、現代においてもっと徹底的に意識されなければならないと考える。だが、ここで筆者が取り上げるのは、つまらないことなのだが、「乞食僧」という表現である。

フランシスコ会やドミニコ会などの「托鉢修道会」は、ドイツ語では Bettlerorden となっている。このBettlerは「乞食」と一般的に訳される言葉である。また、英語でもmendicant orderと言われるが、mendicantも「乞食」とか「物乞い」と訳せる。「托鉢」自体が、「修行僧が、各戸で布施する米銭を鉄鉢で受けてまわること。乞食《こつじき》、行乞《ぎょうこつ》」と『広辞苑』の第六版で説明されているように、仏教の僧侶の修行の一環という意味づけがされているが、人様に金銭や物をもらって生活するという点では、変わりはない。

確かに、フランシスコ会は「托鉢修道会」という位置づけがなされている。しかし、本当に「托鉢」あるいは「乞食」、すなわち生活手段を他者に依存した集団であったのだろうか。

フランシスコと「働くこと」

フランシスコの伝記類には托鉢を行う、あるいは施しを求める場面が数多く描かれている。しかし、手で働くことについての記述はあまり目立っていない。「伝記」類の性格、特に聖人伝としての性格上、聖人の徳の面での記述に重点を置かれるので、それは仕方がないのだろう。しかし、彼の書いた文書の中では、もっと現実に即した記述がなされている。フランシスコは、『遺言』の中で、次のようにはっきりと述べている。

私はまた、自分の手で働きました。そして今も働くことを望みます。すべての兄弟もふさわしい仕事に従事するよう、切に望みます。働くことを知らない人は、それを学びなさい。しかし、これは働きの報酬を受ける欲望のためではなく、模範を示し、怠慢を避けるためです。働きの報酬が与えられないときには、戸ごとに施しを求めて、主の食卓に頼りましょう。

施しを求めるのは、労働の報酬が得られない時であり、普段は自分の手で働くのが、彼の生活である。彼は働くことをまず中心においていた。兄弟たちにもそれを望み、働き方を知らない兄弟には学ぶように述べている。

フランシスコが『遺言』で表明したこの考えは、私たちがフランシスコ会の中での労働の位置づけを考える上で、大きなヒントになる。フランシスコはこの『遺言』の性格に関して、「回想と訓戒と激励と私の遺言」と述べている。つまり、フランシスコは自分の生涯をただ回想するだけではなく、それに基づいて、『遺言』が書かれた当時の兄弟たちに「訓戒と激励」をしているのである。つまり、フランシスコはかつて働いたし、今も病床にあっても働きたい。そして、兄弟たちにもふさわしい仕事に就くように、また働き方を知らなければ学ぶように言っている。言い換えれば、このフランシスコの言葉の前提になっているのは、「働かない兄弟」の存在である。フランシスコの晩年、「働かない」兄弟たちが存在しており、彼らに対して、フランシスコは「働く」ように言う。そこで問題になるのは、「働く」とはどういう「働き＝労働」なのかということである。

フランシスコはここで端的に「自分の手で働きました」と言っているから、これは肉体労働に他ならない。聖職者であれば、使徒職として説教活動やら司牧やら宣教やらが考えられるだろうが、フランシスコはそのようなものを働きとして捉えていない。自らの肉体をもって働く労働を考えている。

『一二二一年の会則』の第六章では、「働くことを知っている兄弟たちは、働きなさい。そして、習得した技が自分の魂に反せず、躓《つまず》きなしに行使されうるなら、その技を生かしなさい」と述べている。明らかに職人的な仕事の内容を指している。いずれにせよ、フランシスコが考えている仕事、あるいは労働は聖職者のようなどちらかというと知的な営みではなく、職人や労働者のような自分の肉体を使用した労働を指している。より具体的にはどのような種類の労働であったのだろうか。

いわゆる『第一伝記』の第二巻に重要なことが書かれている。この部分は彼が眼病を患った晩年の話で、よく知られている「兄弟たちよ、主なる神に奉仕することを始めよう。これまでのところほとんど、いや全くなにもしてこなかったのだから」(一〇三)のすぐ後に続く文章である。

再びレプラを患った人々への奉仕に戻り、かつてそうであったように、人々から軽蔑されることを望んでいました。人々との交わりから逃れて、人里離れた所に引き籠ることを希望していました。あらゆる気遣いから自由になり、またほかの人たちに対する配慮を捨てて、ただ肉体という壁だけが自分と神の間を分かつようになるためでした。

ここでの「働き」は、「レプラを患った人々への奉仕」と書かれていることから、病人の世話のような仕事をしていた。そして、もう一つ大事な言葉がある。「人々から軽蔑されることを望んで」いたということである。つまり、人から尊敬されたり、あがめられたりするような仕事を行わないということである。今引用した文章に続けて、チェラノのトマスは次のように述べている。

彼はまた、多くの人が権威ある役職を追い求めているのを見て、その人たちの無思慮を厭《いと》い、自分の模範によって、そのような疫病から彼らを引き離そうと努めていました（『第一伝記』一〇四）。

この言葉ほど明確なものはないだろう。フランシスコは権威ある役職を求めている兄弟に、はっきりとそれは違うと言っている。権威ある役職、つまり使徒職のような聖職者の仕事や責任ある仕事、人を支配する仕事には兄弟たちが従事することを望んでいない。これは『一二二一年の会則』第七章でも触れられていることである。

兄弟は皆、仕え或いは働くために、どんな所で他人のもとにとどまっていても、奉仕する家の管理人や支配人にも、監督にもなってはならない。また躓きになり、「自分の魂を失う」ような務めも受け入れてはならない。むしろ、小さき者としてとどまり、その家のすべての人に服従すべきである。

フランシスコの考えははっきりしている。彼の言う「自分の手で働く」は、人から軽蔑されるような仕事であった。人から尊敬されたり、賞讃されたりする仕事ではない。侮られ、軽蔑され、つばを吐きかけられるような仕事に従事することであった。

フランシスコの晩年には、兄弟たちが職人や労働者のように働かなくなっていたことが、彼にとって大きな問題であったのだろう。会の中で、労働への意識が低下していったことは、彼の目には大きな堕落と映った。面白いことに、『遺言』に「働くことを知らない人は、それを学びなさい」と書いてあるが、これは『一二二一年の会則』の中にはあらわれていない言葉である。この『会則』には「働くことを知っている兄弟たちは、働きなさい」としか書かれていない。しかし、『遺言』では、もっと踏み込んで、働き方を知らない兄弟は学ぶように述べている。フランシスコが晩年の兄弟たちの状況に対してどれだけ厳しい目を持っていたかが分かるであろう。彼の晩年には、兄弟たちが自分の手で働くという状況がもう希薄になっており、例えば聖職者の兄弟たちなら説教活動やら司牧的な活動やらの使徒職が中心になり、自分たちの手で稼ぐことが忘れられてしまっていた。そして、人から賞讃や栄誉や尊敬を受けることが目的となり、本来の「より小さい者」としての意識がどんどん希薄になっていった。

いずれにせよ、兄弟たちの生活の中で労働はきわめて大きな意味を持ち、托鉢以上に大切であった。労働はフランシスカンの生活の中で重要なものだ。働き方を知らない兄弟に学ぶように勧めるフランシスコは、結局のところすべての兄弟が働くことを望んでいるのである。しかし、兄弟たちは働くことを放棄していた。そこに晩年のフランシスコの苦悩の一つがある。

働く目的は、金銭のため、生活維持のためではない。『遺言』では「模範を示す」とはっきりと述べている。働くことがフランシスコたちの生活の模範となる。まず、働くことは、自分たちが「より小さい者」であることを示すためである。生活の糧を得ることももちろん大切なことではあるが、人から軽蔑されるようなことがまず大事なことであった。それゆえ、彼らの生活は人々がいやがるような仕事に従事していくことになる。その典型的な仕事の一つがレプラ患者の世話であった。だから、フランシスコは決して使徒職や、そのような職務で自分たちが生活の糧を得ることを望んではいない。「自分の手で働くこと」が生活の糧を得る手段であり、それは「より小さい者」としてのあり方と結びつく。だから、彼らは托鉢を最初から目的とはしていない。あくまでも、仕事による糧が得られない時の非常手段である。

このように「自分の手で働く」ことはフランシスカンの生活の基本的な要素であり、兄弟たちはそのような生活をしていかなければならない。働くことはまさに生き方の証しなのである。働くことは生き方と密接に結びついており、それゆえ自分自身と働くことが分離することはない。初期マルクス的に言えば、労働が疎外されていないということだ。フランシスコが求めている労働とは「疎外されていない労働」である。労働が自らと密接に結びつき、離れていない状況、それがフランシスカンが求める労働である。

現代に

キリスト教の労働観は、二つの側面に分かれると言ってもよいだろう。創世記の記述によれば、人間の堕罪の結果として労働がある。「土から取られたお前は土に帰るまで、／額に汗して糧を得よ」(創世記三・一九)。他方、パウロは『テサロニケの人々への第一の手紙』で、「そして、腰を落ちつけて自分の務めに専念し、あなた方に命じておいたとおり、自分の手で働くよう心がけなさい」(4・11)と述べ、また、『テサロニケの人々への第二の手紙』では「働きたくない者は食べてはならない」（3・10）とまで言っている。新約のパウロの言葉はもっと積極的な価値があるが、『第一の手紙』では「品位ある生活」や「人の世話にならない生活」との関わり、『第二の手紙』では、「けじめのない生活」をしている人への批判となっており、倫理的な徳目と結びついている。その流れの中に、ヌルシアのベネディクトゥス（五世紀西方教会の修道制の創設者の一人）の「怠惰は霊魂の敵です」（『戒律』第四八章）という言葉も位置づけることができよう。キリスト教の労働観は中世中期まで、倫理的徳目と結びついて、創世記的な堕罪の結果、すなわち罰としての労働という面から、倫理的により良い生活のための手段という意味が強くなったと言えよう。

フランシスコは、『一二二一年の会則』の第七章にベネディクトゥスの「怠惰は霊魂の敵です」という言葉を引用して、倫理的によい生活という側面も含めているが、むしろ「より小さい者」としてのアイデンティティーに関わるものとして「働くこと」が位置づけられていると考えられる。晩年のフランシスコは、兄弟たちが働かなくなったことへの危機感から、『遺言』の中で、「働くことを知らない者も働くことを学ぶ」ように戒めていることは「働くこと」がまさに「より小さい者」の本質を示すものとして考えてよいだろう。

イギリスの政治学者テレル・カーヴァーによれば、「労働とは人間が社会の中で個人としての自己自身になる根源的な方法であり、従ってそれ自体として潜在的に価値を持ち、原理的には単なる苦役ではないと言うことができる」。フランシスコが自らの生き方を示すものとして「労働」を考えているのは明らかである。カール・マルクスが「人間という類を規定している活動として人間の労働を特徴付けている」と考えているとすれば、フランシスカンの労働観はまさにそうである。

今、日本では「働き方改革」なるものが喧伝《けんでん》されている。しかし、マルクスの言うように、「人間という類を規定している活動」として労働を考えれば、それを担う主体は常に個人になければならない。政府が、あるいは経済界が関わる問題ではない。彼らが関われば、労働は人間から疎外され、労働力は商品として、彼らに搾取されることになってしまう。このような搾取される、疎外された労働は創世記で言う罰の結果としての労働とも結びついてしまう。働き方を決定するのは常に個人にある。自らのアイデンティティーと労働は密接に結びついている。労働は自らの生、そのものなのである。もっと私たちはその点に自覚的になるべきではないだろうか。

14　フランシスカンとしての関わり

フランシスコは無所有を生きた。彼の考え方は現代においても革命的なものである。なぜなら、彼は所有を窃盗と考え、所有とは、持っていない人から奪っていることだと述べているからだ。彼はチェラノのトマスの『魂の憧れの記録（第二伝記）』第五四章で次のように述べている。

わたしは盗人でありたくないのです。もっと困っている人に与えなければ、窃盗のかどでわたしたちは訴えられるでしょう。

フランシスコは、貧しい人が本来持っているものを奪うことから、所有が起こると考えている。そして、彼は使用権すらも、本来権利として持つのは貧しい者だと考えている。

であれば、実は貧しい者こそがあらゆるものを所有する者であると言える。本書、第6章でも触れたように、フランシスコの考え方には、貧しい人はすべての権利を持つということが隠されている。しかし、現実にはそうなっていない。貧しい者があらゆる権利を、あらゆるものを所有しているはずだが、現実には貧しい者は権利を制限され、最小限以下のものしか持っていない。これはおかしいではないか。

現実には明らかに格差が存在する。しかし、貧しい者がすべてを所有するのであれば、すべての者は実は平等になる。すべての者がすべての権利を所有するからだ。初代教会の生活はそのような理想を掲げていたのではないか。使徒言行録は言う。「信じる人たちはみな一つになり、すべての物を共有にし、財産や持ち物を売り、それぞれの必要に応じて、みなにそれを分配していた」（2・44－45）と。しかし、格差が現実に存在している。それは誰かが他者の権利を、あるいは所有を奪っている、窃盗しているからだ。つまり、格差が生じてくるのは他者から奪うという暴力的行為が存在するからである。

本来、貧困とか格差とかは存在しないはずだ。しかし、現実に存在している。これは明らかに現実が間違っている。本来存在しないはずのものを認めると、下手をするとそのような現実を正しいものとして認めてしまうかもしれない。ドイツの哲学者ヘーゲルはその『法の哲学』の序文で「理性的であるものこそ現実的であり、現実的であるものこそ理性的である」と書いている。

しかし、必ずしも「現実的であるものこそ理性的」ではない。現実に存在するからと言って、それを認めてはならないこともある。

貧困と格差のはざまに置かれている人々は、暴力により、その本来の権利を奪われている。だから、彼らは自分たちの権利を回復しなければならない。革命とか抵抗とはそういうことだ。本来持つ権利を取り戻して何が問題なのか。

一七世紀のイギリスの哲学者ジョン・ロックは、彼の『市民政府二論』において、「圧政に対する革命権（抵抗権）」を主張し、近代の市民革命に大きな影響を与えたと言われている。圧政により極限状況に置かれている者たちは、本来自分たちが有している権利、あるいは奪われた権利を取り戻す権利を有する。そして、フランシスコに従えば、この取り戻された権利は本来貧しい人たちが本来的に持っている権利なのだ。

暴力、すなわち権力・権能が貧困と格差を生むのである。そして、貧困と格差の中にある人間が生むのは自らの本来的な権利を取り戻すための権利、すなわち革命権（抵抗権）である。

ひとつの物語

一四世紀の半ばに成立した『聖フランシスコの小さき花』という有名な説話集がある。当時のフランシスコ会で会則を厳守し、貧しさを強調したいわゆるスピリトゥアリ（スピリチュアル派）の影響を受けたとして知られているものである。この第二一章に「グッビオの非常に獰猛な狼を回心させたときに、聖なるフランシスコが行ったいとも聖なる奇跡について」という物語が載っている。通常「グッビオの狼」という呼称で知られている話である。これは、先行する伝記類にはないものであり、唯一『魂の憧れの記録』第七章の「どのようにしてグレッチオの人々が狼たちの襲撃と雹《ひょう》の被害から救われたか」という話が、場所は違うものの、似たようなものとしてあるだけである。もちろん、『魂の憧れの記録』では『小さき花』のような物語性はきわめて希薄ではあるが。

さて、『小さき花』に戻るが、フランシスコがグッビオに滞在していたとき、郊外に「非常に大きく恐ろしく獰猛な狼」が現れた。そのため、町の人は郊外へと出ることがなくなってしまった。そのため、彼が狼のもとへ行き、語りかける。彼が「兄弟である狼よ……私に対しても、また他の誰に対しても悪を行ってはなりません」と語りかけると狼は口を閉ざし、フランシスコに近づいてきた。フランシスコは狼にさらに語りかける。

兄弟である狼よ、わたしはお前さんとこの人々との間に平和が結ばれることを願っている。そこで、これからはもはやお前さんは人々に危害を加えてはならない。そうすれば、この人々も、お前さんのこれまでの悪行を許してくれるだろうし、これからは、人々も犬たちもお前さんを迫害することはないだろう。……兄弟である狼よ、この平和を結び保っていきたいと思っているようだから、わたしはお前さんに約束しよう。お前さんが生きている限り、この地方の人々に絶えることなく必要な物をお前さんに提供してもらうことにする。そうすれば、もはやお前さんは飢えに苦しむことはない。飢えのために、お前さんが悪行のすべてを行なってきたことを、わたしはよく知っているのだよ。さて、お前さんがこの恩恵を受け入れたからには、兄弟である狼よ、これからはどんな人にも動物にも危害を加えることはないと、わたしに約束してほしいのだよ。お前さんは、これを約束するかね。(※引用した訳文には一部手を加えている)

さて、狼はなぜ人々を襲ったのか。狼は飢えゆえに人を襲った。そのため、和解策として、この地方の人々が「絶えることなく必要な物を」狼に提供するとフランシスコは約束している。狼は必要なものを欠いている状態であった。まさに貧しさのうちにあった。狼は飢えという貧しさゆえに、自らの生存のために動物を、そして人間を襲ったのだ。この飢えという必要を人間が満たすこと、すなわち人間が自分のことだけを考えるのではなく、自分のものを分かち与えることにより、狼は飢えを克服した。言い換えれば、生きるという権利を喪失していた狼は、人間が狼から奪っていた生きるための必要を返すことにより、本来自分に備わっていた権利をもう一度獲得したことになる。

さらに、フランシスコは、狼に対して「兄弟」と呼びかけていることにも注目する必要がある。つまり、狼を人間と異なる疎外された存在として見ているのではなく、自分と家族であるという観点から捉えている。差別をしているわけではなく、同等のものとして見ているのだ。ここでも、狼は神の被造物という点で人間と変わらないという権利を取り戻している。

狼は人間によって、その本来の権利を奪われていた。狼は人間を襲うという行為により自らの持つ抵抗権を行使したが、結局暴力によって問題は解決しなかった。しかし、フランシスコは、狼の「食べる」という権利を保障することで、狼は生存権を回復した。それゆえに、平和が回復されたのである。これは、環境問題における構図とよく似ているのではないか。人間が自然環境を破壊することで、環境問題が起こる。人間の暴力により、環境が破壊され、そのため自然が貧しくなっていく。だから、人間が奪ったものを、比喩的な表現だが、返していくことが必要になっていく。そうでないと、自然は人間に対して抵抗する。狼が人間に対して抵抗したように。

フランシスカンの関わり

フランシスコには、非暴力という言葉が似つかわしい。彼は一二一九年に、おそらくはアンコーナから海路を取り、エジプトに赴く。そこで彼はアイユーブ朝のスルタン、マリク・アル・カミルを訪問し、彼を改宗させようと試みたと言われる。折しも第五回十字軍と重なる時期であった。二〇一九年はこのスルタンとフランシスコとの「対話八〇〇周年」などと言っているが、実際は「対話」などと言う高尚なものではないのだが。それでも十字軍のような暴力行為ではなく、言葉による行動をしたフランシスコは非暴力のシンボルとも言えよう。実際、フランシスカンのカリスマを生きる信徒たちからなるフランシスコ会の第三会の初期のメンバーは、武器を取らないことを誓約したと言われている。フランシスカンの精神には非暴力が込められていた。では、非暴力が革命（抵抗）権とどのように結びつくか、フランシスカンのカリスマに従って考えていく必要がある。

労働者のことを考えてみよう。労働者には争議権が認められている。争議権は労働者が自分たちの労働条件をより良いものにしていくために認められている権利である。マルクスが「どの資本家も、自分の労働者については、その労働者に対する自己の関係が消費者に（対する）生産者の関係でないことを知っており、またその労働者の消費を、すなわち交換能力、その賃金をできるだけ制限したいと望んでいる」と述べているように、経営者、資本家はいかにして労働者に対して報酬を払わないようにするか、あるいは労働条件を改悪するかにしか目を向けていない。労働者には自分たちの労働条件をよくしたり、あるいは賃金を上げるように行動することが認められている。その行動のよく知られたものの一つとしてストライキがある。日本ではストライキがあまり行われていないが、現在でもフランスやイタリアではストライキがよく行われる。日本では例えば交通機関がストライキをしようものなら、多くの利用者は不満を述べたり、非難するが、フランスやイタリアでは、筆者が見聞した限りでは、労働者の権利としてそれを認めている。資本家、経営者、あるいは日本の場合、国家権力が労働者の権利を十全に保護しようとは考えていないことは、昨今の「働き方改革」をめぐる議論でもわかるであろう。そういう状況の中でも、労働者は自分たちの労働条件を改善するための争議権が認められていることを忘れてはならない。

現代の私たちには、権力の暴力に対する革命権（抵抗権）が認められているし、またそれを行使することができる。この抵抗はしかし、非暴力でなければならないであろう。なぜか。結局のところ、暴力を考えれば、権力や権能を持つ者が貧しい者よりもより効率的で強力な暴力をより自由に行使できるからだ。例えば、六〇年代後半の学生運動を考えてみればよい。学生はスニーカーにゲバ棒、機動隊は革靴に楯に放水車、ガス弾。貧しい者はより大きな弾圧を受けることになる。貧しい者が勝てるわけがない。そもそも同じ土俵でケンカしても仕方ない。革命権（抵抗権）は暴力を行使するという発想から自由にならなければならない。暴力を行使しないこと、すなわち非暴力が革命権（抵抗権）の中心的な要素になってくる。もちろんこれは労働者の争議権を否定することにはならない。争議権は基本的に非暴力による手段だからである。

フランシスコは狼が生きていけるようにその生存権を保障したので、グッビオの町の人々と狼との間に平和が訪れた。人間が狼の生存権に気を配らないかぎり、狼は人間を襲い続ける。同じように、自然に対しても同様で、人間が自然に対して配慮しなければ、自然は人間に牙をむく。同じ世界では権力・権能を持つ者が貧しい者や困窮している者を生み出している。貧しい者はそのような状況に抵抗する。この世界の現実はそもそも必ずしも理性的な状況ではない。貧困とか格差があること自体、非理性的な状況なのである。

そこで権力・権能という暴力と彼らによって権利を奪われた者との間の仲介を果たすのが、フランシスカンである。フランシスコがグッビオの住民と狼との間の平和を取り持ったように、あるいは『太陽の歌』にあるように、アッシジの市長と司教との間の平和を取り持ったように、フランシスカンは平和の媒介者として存在するだろう。媒介者としてフランシスカンは、権力・権能を持つ者に対して回心を促し、彼らのものを彼らによって抑圧された者へ与えるように促し続ける。あるいはまた抑圧され、権利を奪われた者の側に立ち、彼らとともに非暴力の革命・抵抗を行う。もちろん、非暴力の革命・抵抗と言っても、そこには非暴力・不服従運動を行ったマハトマ・ガンジーのように、権力や権能に対する非協力と不服従が行われる。なぜなら、それらの権利はもともと貧しい者たちのものだからである。おそらくは宗教者の運動はそのようなものになっていくのかもしれない。大逆事件で処刑された禅僧・内山愚童もそのような抵抗を考えていたとされる。

そもそも貧しい者などいない。すべての者は同じだけの権利を持っていた。それが使徒言行録で示されていた世界である。しかし、権力と権能を持つ者はその暴力により、他者から権利を搾取する。その結果、貧困と格差が生まれてくる。しかし、本来権利を持っている者は貧しい者であり、権力と権能を持つ者はそれを奪っているに過ぎない。しかし、貧しくされた者は抵抗と革命を行う権利を持つ。彼らはそれを行使できる。現代におけるそのような抵抗運動は、計画的・組織的、あるいは党派的というのではなく、ネットワーク、Facebook《フェイスブック》、LINE《ライン》などを利用した偶然的、関係的な抵抗運動になるだろう。例えば、二〇一〇年から二〇一二年にかけて北アフリカからアラブ世界にかけて起こった「アラブの春」、二〇一三年の特定秘密保護法や二〇一五年の集団的自衛権の容認に抗した日本のSEALDs《シールズ》の運動もそのような種類の抵抗運動と言えるだろう。そして、フランシスカンは自ら貧しくなった者、自らすべての権利を剥奪した者となったことにより、媒介項となりえる。フランシスカンはその非暴力の思想により両者を平和へと導いていく存在である。いや、そうであるべき存在である。そこにフランシスカンの革命的な働きがある。

15「悔い改めを宣べ伝える」使命

悔い改めを宣べ伝える

フランシスコが帰天して二年ほどした後の一二二八年七月一九日、時の教皇グレゴリウス九世はフランシスコの列聖を宣言した。この列聖勅書『ミラ・チルカ・ノス』の中で、教皇は次のように述べる。

（フランシスコは）教会の見解を軽んじて離れていったミディアン人の陣営へと大胆に突撃したのでした。

この「教会の見解を軽んじて離れていった」とは、当時西欧世界に多く存在した異端者たちのことを言っている。つまり、教皇はフランシスコの列聖にあたって、彼が異端者たちを打ち負かしたことを述べ、彼の後継者たち、すなわち小さき兄弟会が異端撲滅のために活動するように促している。別の言い方をすれば、教皇はフランシスコが異端者を言葉と行いによって説得して、彼らを教会へと帰属させたことを、捏造《ねつぞう》とまでは言わないが、過度に強調することによって、フランシスコのイメージを固定化したと言うことができる。

フランシスコたちは最初から対異端のために活動していたのだろうか。いや、それは違う。最初の公式伝記であるチェラノのトマスの『聖フランシスコの生涯（第一伝記）』をみると、教皇インノケンティウス三世は次のように述べて、フランシスコたちの活動を文書ではなく、口頭で認めた。

兄弟たちよ、主と共に行きなさい。主があなたたちを鼓舞してくださったように、すべての人に悔い改めを宣《の》べ伝えなさい（『第一伝記』三三）。

ここでは、「悔い改めを宣べ伝える」とある。この『生涯』の十数年後に書かれたと考えられるペルージアのジョヴァンニによる『会の発祥もしくは創設（『無名のペルージャ伝』）』では次のようにある。

そして、聖霊の恵みが導くままに、どこにおいても説教する権限を〔フランシスコ〕に与え、また〔フランシスコ〕から説教の職務を認可された他の兄弟たちも説教できると認められたのでした（三六）。

ここでは「悔い改め」ではなく、単に「説教」になっており、フランシスコが説教を行う権限を与えた兄弟も説教ができるとなっている。

次にアッシジの公証人が書いたとされる『三人の伴侶による伝記』では次のようになっている。

また、彼とその兄弟たちにどこでも悔い改めを宣べ伝える許可を与えてくださいました。ただし、説教しようと思う者は祝されたフランシスコから許可を得なければなりません（五一）。

ここでは、「悔い改め」となっている。この悔い改めの説教の許可に関しては、基本的に『会の発祥もしくは創設』と同じことを述べている。

最後にボナヴェントゥラの『大伝記』をみてみよう。

〔教皇〕は会則を認可し、悔い改めを宣べ伝える使命を与え、神のしもべ〔フランシスコ〕の仲間となった司祭でないすべての兄弟たちに、自由に神の言葉を宣べ伝えることができるように小さく丸い剃髪《ていはつ》を行わさせたのでした（第三章一〇）。

彼は「悔い改め」と書き、また「司祭でないすべての兄弟」という言葉を付け加えている。

このように一三世紀のフランシスコの公式・非公式の「伝記」をみてみると、ペルージアのジョヴァンニだけが「説教」と書いているが、あとはすべて「悔い改め」となっている。ジョヴァンニはフランシスコの最初期の兄弟の一人であるエジディオの伴侶であったとされる人物であり、最初の理想が順調に発展して現在の会があるという立場を取っているので、一二四〇年代前半の会の状況を踏まえていると考えられる。

しかし、「悔い改めを宣べ伝える」ことは非常に問題であった。それは一二世紀から起こってきた民衆宗教運動の問題点の一つでもあった。つまり、「神の言葉」を「説教」するのは、聖職者の務めであり、非聖職者がそれを行うことは誤りに陥るという理由があった。このため、例えばリヨンのワルデスのような商人が説教活動を行うことを教会は非常に危険視したのである。しかし、インノケンティウス三世の時代になると、状況が変わり、教理に関することは聖職者に任されるが、道徳的な事柄に関しては非聖職者も説教ができるようになってきた。もちろん、これは不安定なものであって、非聖職者の説教は依然として危険視されることもあったようだ。

おそらくはそのような不安定な状況の中で、フランシスコはインノケンティウス三世のもとに行った。教皇は、それゆえ、口頭でしか許可を与えなかった。もし何かあったときには、なかったことにできるからである。そして、伝記作者も「悔い改め」という道徳的な事柄についての説教の許可を得たことを明記する必要があったのだろう。

また、ボナヴェントゥラが「小さく丸い剃髪」を行わせたとある。いわゆるトンスラである。これは修道者、聖職者のしるしと言うこともあるが、悔悛者という意味もある。聖職者の場合、原則司教によってのみなされる。しかし、悔悛者であれば、別に司教に限定する必要はない。クララがポルチウンクラで剃髪したのは、フランシスコと兄弟たちの手によってであり、司教の手によってではない。クララは悔悛者の身分に入ったということだ。悔悛者それ自体は、いわゆる聖職者ではない、しかし、教会法のもとにある身分ということになる。例えば、フォリーニョで店の売り物を売り払ったフランシスコは父親によって町の自治体の執政官に訴えられる。しかし、執政官は「神への奉仕の道へと進んだ以上、われわれの権限の外に出てしまった」(『三人の伴侶による伝記』一九)と父親に答えている。

この段階では、フランシスコはまだサン・ダミアーノの司祭と共に住んでいるだけの状態であり、悔悛者でもなかった。それでも、彼は公的に教会法のもとにある身分であると理解されていた。つまり、教会に従う人として「悔い改め」の説教を行うことが許されているという理解のもとで、ボナヴェントゥラは書いている。

さて、長々と説明してきたが、少なくとも一三世紀の半ば頃まで、フランシスコ会内部の理解では、フランシスコは「悔い改め」の説教を行うことを教会から認められていたというものであった。それに対して、フランシスコを列聖した教皇グレゴリウス九世は、異端者に対する反駁《はんばく》者として彼を見ていた。教皇は当時のドミニコ会と同じようにフランシスコ会を対異端対策に位置づけようと意識していた。実際、教皇はその晩年にフランシスコ会にも、いわゆる異端審問を任せるようになった。

いずれにせよ、私たちがここで押さえておかなければならないことは、フランシスコ会の自意識は、教皇の思惑と異なり、たとえボナヴェントゥラであっても、フランシスコと最初の兄弟たちは「悔い改めを宣べ伝える」使命を委ねられたと言うことである。

フランシスコの説教

教皇インノケンティウス三世から口頭で会則の認可を得たフランシスコは、しかし、観想生活をすべきか、それとも説教活動に従事すべきか迷ったようである（『第一伝記』三五参照）。だが結局は、人々の間で説教活動をすることを決心した。この時期のフランシスコの説教活動について、次のように書かれている。

そこで、キリストの最も勇敢な騎士フランシスコは、人間の知恵による説得の力ではなく、霊の教えと力によって、神の国を告げ知らせ、平和を宣べ伝え、救いと罪の赦しのための悔い改めを説きつつ、町や村をくまなく巡っていました。

彼は、お世辞を言ったりへつらったりせず、自分に託された使徒的権威によって、あらゆることにおいて大胆に行動していました。ほかの人たちの過ちを甘く見ることはできず、はっきりと指摘し、罪を犯した人たちの生き方を擁護することなく、それを鋭い叱責で痛悔へと導きました。言葉をもってほかの人たちを説得するよりも前に、行動によって自分が確信を持てるようにしていたからです。非難されることを恐れず、堂々と真理を語っていたので、非常に博識な人々も名誉も地位も高い人々も、その発言に感嘆し、その前に出ただけで畏敬の念に打たれるほどでした。男性たちが走り寄り、女性たちが走り寄り、聖職者が駆け寄り、修道士たちも駆け寄り、神の聖者〔フランシスコ〕を一目見よう、その言葉を聞こうとしていました。その〔聖者〕は全く別の代《よ》の人のように思われたのでした。あらゆる年齢と性別の人が、主がご自分の僕を通して、この世で新たに行われる不思議な業《わざ》を見ようと集まって来たのでした（『第一伝記』三六）。

フランシスコが宣べ伝えたのは、神の国、平和、救いと罪の赦しのための悔い改めであった。話し方は、聴衆に媚《こ》びずに、過ちを指摘し、叱責し、悔い改めへと導くものだ。しかし、そのような話し方の基礎にあるのは、「行動によって自分が確信を持てるように」していたからと指摘されている。この内容から、フランシスコは明確に道徳的な内容を宣べ伝えていた。そして、それは彼自身の生活の中から出てきたものである。彼は自ら行うことで、自信を持ってはっきりと述べることができたのだ。それゆえ、彼の言葉は人々に強く訴えかけ、彼の説教の素晴らしさは評判になったのだろう。しかし、いずれにせよ、彼はまず行動によっていた。それは『一二二一年の会則』第一七章で「兄弟たちはだれも、聖なるローマ教会の教えと規定に反して、また管区長によってゆるしが与えられたのでなければ、説教してはならない。なお管区長は、どんな兄弟にも無分別に許しを与えることのないよう注意しなければならない。しかし、すべての兄弟は行いによって説教すべきである」と言われていることと結びつく。この「行いによる説教」が『一二二三年の会則』の第九章の説教者を扱った部分でそっくり抜けているのは示唆的でもある。

兄弟たちは、司教より禁じられた場合には、その教区内で説教してはならない。また、いかなる兄弟も、本兄弟会の総長より試験され、資格を認められ、説教の務めを与えられているのでなければ、決して人々に説教しようとしてはならない。その同じ兄弟たちに、私は戒め、勧める。説教する時には、熟慮した純潔な言葉で、人々の利益と霊的向上のために、悪徳と善徳、罰と光栄について話し、簡潔に語るようにと。なぜなら、主が地上において簡潔な言葉で語られたからである（『一二二三年の会則』第九章）。

ここでは「行いによる説教」に触れられていない。このことは説教の務めが聖職者に限定されてきていることを示す。つまり、兄弟会が聖職者中心に移行しつつあることを示したものとして示唆的なものなのである。しかし、それでも「人々の利益と霊的向上のために、悪徳と善徳、罰と光栄について話し」とあることから、道徳的な説教を述べることに関しては残っている。おそらくは聖職者修道会化に対するフランシスコの反抗であろう。いずれにせよ、フランシスコの説教は道徳的なものを宣べ伝える非聖職者による説教であった。

このことについて、重要なエピソードをチェラノのトマスは書き残している。つまり、フランシスコに二番目に従った兄弟クィンタヴァッレのベルナルドのエピソードである。ちなみに、最初に従った者は残念ながら名前が残されていない（『第一伝記』二四参照）。さて、ベルナルドのエピソードであるが、彼が回心して、フランシスコに従うきっかけとなったのは次のようなことである。

……兄弟ベルナルドが、この平和の使節を迎え入れ、神の国を得ようと神の聖者〔フランシスコ〕のもとに熱心に駆け寄りました。彼は何度も、この祝された師父を家に迎え、その生活と習慣を身近に体験し、その聖性の芳しい香りで元気づけられ、畏怖の念を抱くとともに、霊の救いを産み出すに至ったのでした（『第一伝記』一二四）。

ここでもフランシスコが「神の国」と「平和」を宣べ伝えていたことが分かる。しかし、それ以上に、ベルナルドはフランシスコの日常生活のあり方を見て、回心したのである。フランシスコの行いの説教は自分の「生活と習慣」を通して示されるものなのである。

さて、私たちは

フランシスコの説教活動を見ると、教皇グレゴリウス九世の対異端という思惑とは異なり、神の国を告げ知らせ、平和を宣べ伝え、さらには道徳的な回心を促すものであった。そしてそれは、行い、すなわち日常の生活と習慣を通してのものであった。これはまさに現代の我々に求められていることである。神の国という究極的な完成の状態、私たちにとって本当に目標とする、あらゆるものが平和のうちに暮らしている状態へと人々を促していく。いや、別に神の国なんて言わなくてもよいのかもしれない。そうではなく、人間が人間として、すべての被造物と共に平和で暮らしていける状態を完成するために歩んでいくことなのかもしれない。誤解しないでほしい。神を否定しているのではない。ただ、神の国と言わなくてもよいだろうということだ。

私たちは、そのために日常生活と習慣の中でそれを実践していくのだ。そのためにはある程度の犠牲が必要となろう。原発や地球温暖化、さらには水資源のような環境問題だけではない。これらの環境問題は、私たちが現在のような生活習慣を変えるように促してくる。最初のうちは不便を感じるかもしれないが、しかしだんだんと慣れてくるものだ。

それ以上に大事なことは、私たちが日常生活の中でどのように福音のメッセージを生きているかである。結局、宣教は単に受洗者を増やすことではなく、私たち一人ひとりの生き方によって、周りの人を回心へと導いていくことだ。洗礼を受けるかどうかはそのあとの問題に過ぎない。だから、教えを宣べることではない。生きることである。実際、ベルナルドが回心したように、人間は生きざまから大きな影響を受ける。私たちの生き方が問われているのだ。

16　灰をかぶる悔い改める者

灰をかぶるフランシスコ

フランシスコたちは最初の頃「アッシジの悔い改めを行う者」と自称していた（『三人の伴侶による伝記』三七参照）。つまり、フランシスコたちの集団のアイデンティティーの基礎には「悔い改め」ということがあった。そして、悔い改めることが自分の罪を認め、神へ立ち返ることを言うのであれば、フランシスコたちは自らそれを行い、また模範を示していったということであろう。

さて、悔い改めるフランシスコの一つの例を挙げよう。それは『アッシジの編纂文書』に載せられているエピソードで、詩編を読むことができるけれども、あまりうまく読めない一人の修練者の兄弟が詩編書を持つことを望み、総長から許可をもらったが、フランシスコからも許可をもらいたく、彼に会いに行ったが、暗に断られたという話（『アッシジの編纂文書』一〇三参照）の後に続くものである。

別のとき、フランシスコは火のそばに座り、暖まっていました。そのとき、この兄弟がやってきて詩編書の問題でフランシスコを悩ましました。聖人は彼に次のように答えました。「あなたが詩編書を持ったとき、あなたは聖務日課書を欲しがることでしょう。あなたが聖務日課書を持ったとき、高位聖職者のようにイスに座ることでしょう。そして兄弟たちに、私の聖務日課書を持ってこいと命令することでしょう」。彼はこう述べると霊によっておおいに燃え上がり、灰を手で取り、頭にかけ、手で頭を洗うように丸く頭をこすり、自分自身に対して「私が聖務日課書だ！　私が聖務日課書だ」と言いました。そして、このように何度も繰り返し、手を頭に持っていきました。その兄弟は呆然とし、恥じ入りました（『アッシジの編纂文書』一〇四、私訳）。

これはいつ頃の話だろうか。まず、詩編を読むことができる修練者の兄弟が詩編書を望んだとある。『一二二三年の会則』では「聖務日課書」となっているが、『一二二一年の会則』第三章では「詩編を読める非聖職者の兄弟たちも、それを持つことは許される」とある。それは「詩編書」を指している。また、「修練者」という言葉がある。フランシスコたちの集団に修練期が導入されるのは、教皇ホノリウス三世による一二二〇年九月二二日付の勅書『クム・セクンドゥム』による。さらに、フランシスコがオリエントからイタリアに戻ってくるのは一二二〇年の夏とされる。このため、この物語はおそらくは一二二〇年の九月二二日から『一二二三年の会則』が認可された一二二三年一一月二九日までの間のものと言えるだろう。ということは、まだまだ最初の兄弟たちの生活の雰囲気を残している時代だが、聖職者修道会化が始まり、また教皇庁の介入も始まって、フランシスコのことをよく知らない兄弟たちが増えてきた時代のことであろう。

さて、この話のポイントは、「灰を頭に振りかける」ことである。もちろん、これは「灰の水曜日」の典礼が前提とされている。灰ははかなさを示し、またそこへと自分自身も帰っていく存在であるという、自らの悔悛のしるしである。

また、この物語は、『魂の憧れの記録（第二伝記）』と『完全の鑑』にも掲載されている。『魂の憧れの記録』では次のようになっている。

詩編書を所有したいと願って、その許可を願い出た、ある聖職者でない兄弟に、書物の代わりに灰を与えたのでした（『第二伝記』一九五）。

さて、ここでは「ある聖職者でない兄弟」と書かれているが、『アッシジの編纂文書』の修練者の兄弟が聖職者ではないことは、「文字が読めた」とあえて書いてあることから分かる。『一二二一年の会則』では聖職者でなくても、文字が読めれば詩編書を持つことができるからである。だから、『魂の憧れの記録』で「聖職者でない兄弟」というのは、『アッシジの編纂文書』と同一である。問題は、「灰を与えた」ことである。これでは、フランシスコはこの兄弟に対して、悔い改めを強制しているということになる。

実は、『アッシジの編纂文書』では、フランシスコが自分の頭に灰をかけたのか、それとも修練者の兄弟の頭にかけたのかは明確ではない。Et sic dicens cum magno fervore spiritus tulit cum manu de cineree et posuit super caput……となっており、頭を示す caput に所有代名詞がついていないので、誰の頭 caput に灰をかけたかはっきりしない。

もう一つ、『完全の鑑』を見てみよう。

こう言うと、祝されたフランシスコは、霊の燃え盛る炎に駆られ、灰を一掴《ひとつか》み取ると、自分の頭の上に載せて、頭を洗う人のように、自分の頭を丸くなで回しながら言いました（『完全の鑑』四）。

ここではそれは「自分の頭」となっている。すなわち、原文ではHoc autem dicens beatus Franciscus cum magno fervore spiritus, accepit cum manu de cinere, et ducendo manum super caput suum in circuitu, sicut ille qui lavat caput,……。caput suumとして「フランシスコの頭」を示している。『伝記資料集』を監修した小高毅は『聖火』誌上で、三人称単数男性形をしめすsuumとeiusの文法的な違いを説明している。彼によれば、この場合はフランシスコ自身の頭を明らかに指している。これまでの日本語訳では「彼の頭」として修練者の頭と解釈していたのだが、それらは誤訳といって良いだろう。

『完全の鑑』では、フランシスコは自分の頭に灰をかけているとはっきりと書いている。『アッシジの編纂文書』を素直に読めば、フランシスコは「自分の頭」に灰をかけたとなるだろう。それはまた、フランシスコの模範を示している。

灰をかける兄弟姉妹

実際、フランシスコはたびたび自分の頭に灰をかけ、悔い改めを行っている。例えば、『魂の憧れの記録（第二伝記）』の中で次のようなものがある。

聖ダミアノ〔聖堂〕に滞在していたときのこと、娘たちに神のみ言葉を語り聞かせるようにと、代理の任にある〔兄弟〕から繰り返し懇願され続けた聖なる師父は、ついにその執拗さに根負けし承諾しました。気高い婦人たちが習慣どおりに、神のみ言葉を聞くために、一目でも師父を見ようとして集まると、〔師父は〕その心が常に留まっている所である天に向かって目を上げ、キリストに向かって祈り始めました。そして、灰を持って来てくれるよう頼み、自分の周りの床にその灰で円を描き、残りを自分の頭の上に振りかけたのでした。灰の輪の中に沈黙したまま留まっていた祝された師父〔が語り始めるの〕を期待していましたので、少なからぬ驚きが彼女らの心のうちに生じてきました。聖者は、突然立ち上がると、彼女らの驚きをよそに、説教の代わりに「ミゼレーレ・メイ・デウス（神よ、わたしを憐れんでください）」と〔詩編を〕唱えたのでした。唱え終えると、すぐさま外に飛び出たのでした。この無言の振る舞いのもつ力によって、神のはしためらの心は痛悔の念に溢れ、涙は滝のように溢れ出て、自らを罰するかのように、自らの手でその身を打ちたたいたのでした。〔師父は〕行為をもって、自分たちが灰にすぎないと見なすことを彼女らに教え、これ以外のいかなる自己省察も、その心に抱かぬように戒めたのでした。これが〔師父〕の聖なる婦人たちとの会話でした。彼女たちへの訪問は有益なものでしたが、やむをえない場合にだけ、それもごくまれなことでした。常に、小鳥が目の前に仕掛けられた罠に用心するように、キリストに仕えるこの〔婦人〕たちに奉仕すること、これがすべての兄弟たち対する〔師父〕

の願いでした（『第二伝記』二〇七）。

いささか長い引用をしたが、ここでフランシスコは自分の頭の上に灰をかけ、「わたしを憐れんでください」という言葉のある詩編五一を唱え、悔い改めを行っている。そして、それはサン・ダミアーノのクララたちに対して、悔い改めを促すものである。

次に、フランシスコが病気になって、栄養をつけるために肉を食べたことがあった。病後にサン・ルフィーノ聖堂で説教をするように促されて、彼は次のような行動をする。

フランシスコは自分の上衣を脱ぎ、兄弟ピエトロ（カターニ）に、首に縄を付けてこの格好のままで民衆のもとにつれて行くように命じました。彼は別の兄弟に皿一杯の灰を持たせ、彼が説教をしていたところに登り、自分の頭に降りかけるように命じました。しかし、この兄弟は憐れみと同情に動かされて従おうとしませんでした（『アッシジの編纂文書』八〇、私訳）。

ここでは、フランシスコは自分で自分の頭に灰をかけてはいないが、兄弟に自分、すなわちフランシスコの頭に灰をかけるように命じている。悔い改めの行為として自分の頭に灰をかけるのは明白である。

また、フランシスコによって植えられた「小さな苗木」であるアッシジのクララの例を見てみよう。クララはアッシジの町を襲撃してきた皇帝派の武将アヴェルサのヴィターレを撤退させるために、次のようなことをしている。

キリストのはしためクララは、このことを聞いて深く嘆き、姉妹たちを自分のもとに呼び寄せて言った。「最愛の姉妹たち、私たちは毎日この町から沢山よい物を頂きました。ですから私たちはちょうどこの期に際して出来る限りの救援に努めないならば、たいそう恩知らずなことになります」と。クララは灰を持って来させ、姉妹たちの被っているヴェールを脱がせた。さて、彼女は真先にヴェールを脱いだ自分の頭に沢山の灰を振りかけ、次いで姉妹たちの頭にも灰をかけて言った。「主のみもとにいらっしゃい！　町が救われるよう、一心不乱に祈りなさい！」と（『アッシジの聖クララの伝記』一二二、宮澤みどり私訳）。

まず自分たちが灰をかぶり、悔い改めを示すことで、神に祈りを聞き入れてもらおうとしているこの『伝記』の記述は、クララの『列聖調査書』で、第三証人である姉妹フィリッパと第九証人である姉妹フランチェスカが語っていることをもとにしているので、クララが実際に行ったことだ。

このようにフランシスコとクララは悔い改めを示すために自分の頭に灰をかけている。この行為は、灰の水曜日の灰の式から考えられたのだろう。彼らの行為が典礼的であることの一例である。このようにいくつかの例を見ていくと、『魂の憧れの記録』のように、詩編書を持ちたいという聖職者でない兄弟に灰を与えたというのはフランシスコらしくないと言える。フランシスコは、サン・ダミアーノの貧しき婦人たちに示したように、自らが模範を示して、他人に悔い改めを促すのであって、強制するのではない。自分の頭に灰をかける方がフランシスコらしい。悔い改めることの典礼的な象徴表現として、灰を自らの頭にかけることは、また、自らが取るに足りないもの、すなわちより小さな者としてのアイデンティティーを示してくる。他者の頭に灰をかけるのではなく、自分の頭に灰をかけることがフランシスカンの霊性である。

私たちの時代に

フランシスコの行為、その灰を自らの頭にかけるというその行為は、現代の我々の目から見れば、非常に芝居がかったパフォーマンスのように見えるかもしれない。実際、我々にしてみれば、灰の水曜日に灰をかけられるくらいしか経験がない。そのため、フランシスコの行為は八〇〇年前の、聖人になるような徳の高い人間の行いのようにしか見えないかもしれない。それは確かにそうであろう。フランシスコにしてもクララにしても、そのような行為が伝記に書かれているのは、普通の人が行わないような、聖人だからこその特別な行為だから、あえて書かれた、あるいは証言されたということなのだろう。

しかし、現代に生きる我々は過去のかび臭い話として、これを捉えるだけ良いのだろうか。フランシスコが、あるいはクララが自らの頭に灰をかけたのは、自らが悔い改めるということの主体的な表現であった。自分自身がどうしようもない、塵《ちり》のような、灰のような存在であるということを認めた行為であった。

ひるがえって、現代の状況はどうだろうか。政治の世界では、あえて言うのもはばかられるほど、自己の責任を回避する言い訳や、嘘とは言わないにしても「記憶にない」というような言葉が氾濫している。あるいは改ざんやねつ造などの行為も、信じられないが、普通に行われているような印象すら持たれることもある。

スポーツでもそうだ。二〇一八年に世間を騒がせたアメリカン・フットボールでの反則行為の問題は記憶に新しい。そこでも多くの人が不満に感じたのは指導者、すなわち監督とコーチの言い訳のような言葉であったと言えるだろう。監督は自分に全責任があると言っていたのに、言い訳をしていたことに多くの人々の批判があったとも言えるかもしれない。

しかし、反則を犯した選手は、自らの責任を認める会見を一人行った、その行動が、また相手チームの監督から「勇気を出して真実を語ってくれたことには敬意を表したい」と言われることにもなった。この選手が「顔を出さない謝罪はない」と言って自ら謝罪した行動は、自らの頭に灰をかけるという行動でもあった。自らが本当に悔い改めたからこその行動であったと言えるだろう。

カトリック教会の性的虐待に関しても、同じようなことが言えよう。隠蔽をしてきたことにより、厳しい批判がよせられているのだ。自らの非を認めることにあまりにも遅すぎた、あるいは教会当局の対応があまりにも不誠実であったからであろう。自らが悔い改める姿勢があまりにも取られなかったと言えよう。

我々にしても、自らの過ちを認めて、それをきちんと反省し、謝罪するということは難しい。しかし、もしそれを行わなければ、ゆるしと和解を得ることは難しいのではないか。自分の過ち、罪を悔い改めることがなければ、かの選手のように「敬意を表したい」とは言われないだろう。フランシスコが灰を自らの頭にかける行為は、自らの罪を認め、そして悔い改めるものである。今、それが失われつつある。我々はもう一度自ら悔い改めることを回復しなければならない。

17　主を賛美し、慰め、教える

老い、病、弱さ

フランシスコは一二二六年に亡くなっている。だいたい四六歳くらいだ。現代においては、働き盛りという歳だが、当時はどんな感じだったのだろうか。フランシスコの伴侶と言われる人たち、例えばレオとかエジディオが一二六〇年代でも存命であったことを考えれば、当時としても決して老齢というわけではなかったのだろう。

しかし、彼は死の二年前には眼病を患っている。死の二年前と言えば、スティグマ（聖痕）を受けたとされる年だ。そして、聖職者修道会化の流れが決定的となり、会の現実と自らの理想の間のギャップに苦悩する時期でもある。

一二二四年以後のフランシスコは苦しみのうちにいるという印象がある。若い頃の明るい、はつらつとしたイメージはない。晩年のフランシスコは自らの弱さに再び苦しんでいる。今、再びと書いた。最初の弱さとの対峙《たいじ》はいつだろうか。

それは『遺言』に書かれたレプラ患者との出会いであった。よく知られているように、青年フランシスコはレプラ患者を避けていた。彼らを見ることは「あまりにも苦いものでした」とある。青年フランシスコにとって、レプラ患者と関わることは、自分の力では克服できない弱さであり、苦い思い出であった。

「主は自ら私を彼らの中に導いてくださいました」とあるように、フランシスコは自分の弱さを自力で克服したのではない。主の力によって克服したことを述べている。このレプラ患者との出会いは、自らの弱さを心の底から自覚し、またそれを克服できないことをフランシスコに思い知らせることになった。それは、カプチン会の霊性史家ピエトロ・マラネージによれば、苦悩が恵みになることであった。この結果、彼は徹底的に回心し、「世を出る」こととなった。

このように、最初の弱さとの対峙で、フランシスコは回心を経験し、それまでの生活とまったく異なる生活へと入っていった。では、本来のテーマである、第二の弱さ、つまり病に直面した時の弱さとの対峙ではどのようなことが待っていたのであろうか。

闘病するフランシスコ

フランシスコは、おそらくはエジプトに行ったことがきっかけとなり、眼病を患っていた。それが重くなったのが、死の二年前である。しかし、彼は苦行からか身体のことを顧みず、眼の治療を拒否し続けていた。そのため、保護枢機卿であったオスティアの司教ウゴリノはフランシスコに忠告する。

兄弟、あなたが眼の治療を拒否しているのは良いことではありません。なぜなら、あなたの健康と生命はあなた自身にとっても、他の人々にとってもたいへん必要だからです。いつも病気の兄弟たちに同情を示しているあなたが、自分自身にそのような残酷なことをすべきではありません。なぜなら、病気は重く、治療がすぐに必要なのは明らかだからです。私は治療をすることを命じます（『アッシジの編纂文書』八三、私訳）。

これだけでなく、当時会の責任者であった兄弟エリアも治療を受けるように命じている（同参照）。しかし、それでもすぐには治療を受けていない。この当時、フランシスコはサン・ダミアーノのクララたちの近くに、むしろで作った庵《いおり》に住んでいた。その環境は、きわめて悪かった。

しかし部屋や、自分のためにあつらえられたむしろでできた庵の中で、多くのネズミがあちらこちらを駆け巡り、彼のまわりや、彼の上にさえ駆けのぼってきたので、休めませんでした。ネズミは祈りさえも邪魔しました。ネズミはフランシスコを夜ばかりでなく、昼の間も困らせました。彼が食事をしているとき、それらは食卓に登ってきて、彼とその伴侶たちが悪魔の仕業だというほどのものでした（同）。

このような環境の中で、フランシスコは自らの耐えている苦しみを考え、次のように述べた。

主よ、弱い私を助けてください。私は弱さを忍耐強く耐えるだけの強さがほしいのです（同）。

フランシスコは病気の苦しみや、環境の悪さに弱音を吐いている。彼も私たち凡人と同じように、弱音を吐いている。まったく聖徳にあふれたようなところがない。もちろん、このあと、主が「さて、兄弟、あなたの弱さとつらさの中で喜び、楽しみなさい。今から、あなたはすでに私の王国を分かち合っているかのように平和のうちに生きなさい」（同）と呼びかけるのだが。

そして、『アッシジの編纂文書』に従えば、フランシスコは『被造物の賛歌』を作ることになる。

もし皇帝がしもべの一人に王国を与えたのなら、そのしもべはどんなに喜ぶことでしょう。しかし、もし皇帝が全帝国をしもべに与えたなら、もっと喜ばないでしょうか。ですから、私は自分の弱さと苦しみを喜ぶべきです。そして主において慰めを求め、神である父、唯一のひとり子である主なるイエス・キリスト、そして聖霊に感謝すべきです。実際、神は私にそのような恵みと祝福を与えてくれたので、その慈しみにおいて、貧しく価値のないしもべである私に、この地上で相変わらず生きていられることを保証してくれました。そして、私はその王国を分かち合うことでしょう。ですから、主の栄光のために、私の慰めのために、そして私の隣人の教化のために、新しい「主の賛美」の歌を主の被造物のために作りたいのです（同）。

この病気の時期に、フランシスコは『被造物の賛歌』を作った。しかし、それだけではない。対立したアッシジの市長と司教に対して、ゆるしと和解の歌を与えた。これは後に『被造物の賛歌』に付け加えられることになる。さらには、クララたち、サン・ダミアーノの貧しい女性たちのためにも慰めの歌を作っている。この彼女たちのための歌は、現在『聴いてください、小さく貧しい女性たち』（この作品はエッサーの批判版の段階では真性の作品として認められていなかったので、庄司篤訳の『小品集』には収められていない。フランシスコの真性の作品として認められたのは一九七七年になってからである）として知られている歌と思われる。『アッシジの編纂文書』では、次のように語られている。

同じころ、同じ修道院で、フランシスコは『被造物に対する主への賛美』を作った後、サン・ダミアーノの修道院にいる貧しき女性たちの慰めのために、詩と音楽と共に歌を歌いました。彼は、病気が彼女たちをたいへん悲しませていることに十分気づいていました。彼は個人的に彼女たちを訪問したり、慰めたりできなかったので、伴侶に彼が彼女たちのために作った歌を持っていかせました（同、八五、私訳）。

フランシスコは、自分の弱さ、そして苦しみを喜び、楽しむ。弱さや苦しみは神の国において宝となるからである。弱さや苦しみは神の国を分かち合っていることであるから、「主の栄光のために、私の慰めのために、そして私の隣人の教化のために、新しい『主の賛美』の歌を主の被造物のために作」った。

まさに、歌を作ることは、彼の弱さと苦しみの克服であった。そして、それは単に主への賛美に終わるものではなく、周囲の者への慰め、あるいは教化を意図したものにもなった。

彼は眼の手術のために、サン・ダミアーノからフォンテ・コロンボに馬に乗って移動した。手術を受ける前のある晩、彼は苦痛のため目を覚まし、彼の面倒を見てくれている伴侶に次のように慰めのことばをかけている。

私の尊敬すべき兄弟と可愛い子供たちよ、喜びをもって私の体の弱さがあなたがたにもたらす苦痛と疲労に耐えなさい。主はこの世と来世の両方で、あなたがたに償うために、貧しいしもべから始められています。主はあなたがたに、あなたがたが私の面倒を見るためにできなかったよいわざで、あなたがたを保証してくれます。あなたがたは兄弟会全体に仕える者よりも、より大きな償いを得ることでしょう（同、八六、私訳）。

そして、眼の治療のために焼灼《しょうしゃく》ごてを当てる手術が行われる日、フランシスコは心を落ち着けるために、祈った。「兄弟なる火よ。主はあなたを高貴にそしてすべての被造物の中でたいへん役立つものとして作られました。この間私に優しくしてください。なぜなら、私はいつだってあなたを愛し、あなたを作られた主の愛のためにそうしつづけているからです。私は、耐えることができるようにあなたの熱を和らげてくださるように主に祈ります」（同）。このように彼が言い、火の上で十字を切ると、「彼とともにいた私たち」はその場から立ち去ってしまう。話がそれるが、「彼とともにいた私たち」というのは、『アッシジの編纂文書』における重要な表現である。すなわち、これは伴侶たち、特に三人の伴侶と言われる、兄弟レオ、アンジェロ、そしてルフィーノにさかのぼる証言と考えられるからである。つまり、晩年のフランシスコの身近にいた兄弟たちの証言なので、非常に信頼性が高いものである。

おそらく「彼とともにいた私たち」は焼灼という手術の残虐さゆえに、同席する勇気がなかったのであろう。手術後、戻ってきた「私たちに」フランシスコは次のように述べている。

　臆病者ですね。信仰の薄い者たちですね。どうして逃げたんですか。本当のことを言って、いかなる苦痛、火の熱ささえ感じませんでしたよ。もしうまく焼灼できていなかったなら、またやってもらい、今度はもっと焼いてもらいましょう（同）。

このことばの中に、看病してくれている兄弟たちに対して自らが行いによって教えるというフランシスコの態度を見ることができよう。決して強がりではなく、肉体を焼くという非常に苦痛を伴い、おそらく苦悶の叫びも伴う、目を背けるような行為から逃げた兄弟たちに対して、主への信頼の大事さを教えていると考えることができよう。

老いや病に直面する私たちに

フランシスコは病気の中で、自らの弱さに対峙した。その中で、彼は主の栄光を見いだし、慰めのため、教化のために歌を作ることを考えた。これは本当にフランシスコらしい特徴と言ってよいだろう。その歌は、我々のよく知っている『太陽の歌』であり、『聴いてください、小さく貧しい女性たち』であった。

しかし、フランシスコはひとりの弱い人間であったことも事実である。レプラ患者からは逃げ、恐れから医者にもかかからず、また劣悪な生活環境の中で弱音を吐いている。フランシスコは決して強い人間ではない。不安におののき、苦痛に耐えられない人間である。

だが、彼は主の言葉に耳を傾け、不安や苦しみを楽しむことに心を向けていく。ここに現代にも通じる重要なポイントがあるのではないだろうか。私たちは老いや病に不安を感じる。将来について、治療について、完治するかどうかについて、金銭について、諸々のことに不安を感じる。これは人間である限り、当たり前のことだろう。病に関しては、若くても、いや若いからこそ、高齢者よりも強い不安を感じることだろう。私たちはみな弱い。苦しみに弱い。不安に弱い。しかし、そこにとどまっていてもらちがあかない。

例えば、老いに関して、私もそうだが、若いときの自分と比べて現実を受け入れられないことがある。しかし、どうあがいても若いときに戻ることはできない。しぶしぶ、あるいはいやいやながら現実を受け入れざるを得ない。病気はもっとつらい。苦痛が伴うから。またさらに、死への恐怖が身近なものとしてせまってくるから。

だが、老いも病も死も、人間である限り必ず経なければならないものと言えよう。実は私は小教区を担当している。そこで「死の準備講座」という、カトリックの死の考え方を踏まえて、いわゆるエンディング・ノートを作成するようなことを行っている。そこで、私が大事にしようと考えているのは、「通夜あるいは葬儀の時に読んでもらいたい聖書の箇所について考えること」、「生涯の中でどのように神と出会い、それによってどのように自分が変えられたのか」という二つの点である。

「神との出会い」を振り返ることにより、私たちは主の栄光を思い起こし、また、それによって「どのように自分が変えられたか」を見ることは慰めになるだろう。また、通夜や葬儀で読んでもらいたい聖書の箇所は、その人の生涯の総まとめになるとともに、それを通して私たちにとっても主がどのようにひとりの人間に関わったかを知るよい機会になるだろう。

次章のテーマに踏み込んでしまったかもしれない。しかし、老いや病が向かう先が死である限り、これも致し方ない。フランスのロマン派の詩人、アルフォンス・ド・ラマルチーヌは「人生は死への前奏曲」と歌っている。そうであればより一層、老いや病は自分の人生を振り返り、そこに注がれた神の恵みを再確認するチャンスともなる。その意味で、老いや病は神の恵みそのものとも言えよう。

もちろん、こんなきれい事ですべてが丸く収まるとは思わない。だが、フランシスコが苦悩や苦しみの中に主の栄光を見いだし、自分の慰めと他者の教化のために歌を作ったことを考えると、一つのやり方であると思う。いずれにせよ、老いや病は私たちにそれまでの、つまり若さや健康というものを享受していた私たちに、それまでのあり方と異なったあり方への道を示すもの、その意味で私たちにとって回心の手段と考えることもできるのではないだろうか。そうであれば、老いや病は神の恵み、神の栄光のあらわれとも捉えることができるだろう。

18　フランシスコの死

死を覚悟するフランシスコ

チェラノのトマスの『聖フランシスコの生涯（第一伝記）』によると、フランシスコはその没年の二年前に、神の使いから兄弟エリアを通して自らの死を告げられていた。

起きなさい、兄弟よ。兄弟フランシスコに次のように言いなさい。彼が世を捨ててキリストにつき従ってから、既に十八年が過ぎた。これから後、二年の間この世に留まるであろう。そして、主がご自分のもとにお呼びになるとき、彼はすべての肉なるものが歩むべき道に入るであろう（『第一伝記』一〇九）。

そして、『アッシジの編纂文書』によれば、フランシスコは自らの死について毎日考えていたとされる。

あなたは、フォリーニョで私が二年以上生きることはないだろうと警告した声を私に語ってくれた幻視を忘れてしまったのですか。あなたが心にすべてのよい考えを、そして信者の唇にすべてのよい業を与える聖霊のおかげで、幻視を見る前に、私はしばしば昼も夜も死について考えていました。あなたの幻視以来、私は毎日死の時を考えるのに熱心になりました（九九、私訳）。

これは、一二二五年終わりから一二二六年の初めにかけて、フランシスコが病気でアッシジの司教館に滞在していたときの話で、兄弟エリアが、病気で苦しんでいるフランシスコがどうしてそんなに明るいのかと質問したときの答えである。それ以前から死について考えることがあったようだが、本格的に考え始めたのは死の二年前ということだ。

この二年間、フランシスコにとっては、苦悩の期間だったであろう。自らの病だけではなく、変貌していく会の状況を考えると、本当に厳しい状況であったことは間違いない。もちろん、彼はそのような苦しみを英雄的に耐え、スティグマを受けただけではない。彼は弱音も吐いている。

ある晩、彼は自分が耐えている苦しみのすべてについて考えていたとき、悲しくなり、次のようにひとりごとを言った。「主よ、弱い私を助けてください。私は弱さを忍耐強く耐えるだけの強さがほしいのです」。そして、突然心の中で次の声を聞きました。「兄弟よ、話してください。もしあなたが自分の苦しみとつらさの償いに多くの、そして価値ある宝物を与えられたなら、つまり地上の大部分を金に、小石を宝石に、そして川の水を香水に変えたなら、小石や水をそのような宝と比較して無意味なものだとは見なさないでしょうか。あなたは喜ばないでしょうか」。フランシスコは次のように答えました。「主よ、それは人が愛し、そして望む以上の、すばらしく、価値があり、そして評価しがたいほどの宝です」。声は次のように言いました。「さて、兄弟、あなたの弱さとつらさの中で喜び、楽しみなさい」（同、八三、私訳）。

おそらくこのようなことは一度限りではなく、何度かあったことだろう。人間である限り、苦しみ、慰めを受け、また苦しみ、また慰めを受けることの繰り返しでよいのだ。大事なことはフランシスコも人間であるということである。しかし、そのような一人の人間の死を私たちはどのように捉えているのだろうか。特にフランシスコは生きている間から「聖人」として人々に考えられていた。そのような人間が死ぬと周りの人間はいろいろと気を使うようだ。

変容するフランシスコの死

フランシスコの死は、私たちフランシスコ会の兄弟たちにとって、特別なものがある。私たちはフランシスコの祭日（一般の典礼暦では記念日だが、会固有のそれでは祭日として祝う）の前晩にトランジトゥス、すなわちフランシスコの死の直前の様子を典礼的に祝う。つまり、フランシスコの死を私たちの死の模範として追体験をするのである。

フランシスコの死は公認の伝記、すなわち、チェラノのトマスの『聖フランシスコの生涯（第一伝記）』と『魂の憧れの記録（第二伝記）』、そしてボナヴェントゥラの『大伝記』の中で詳細に書かれている。しかし、それらをよく見てみると違いがある。

まず、チェラノのトマスの『聖フランシスコの生涯（第一伝記）』では以下のようにある。

それから、〔フランシスコ〕は福音書の写本を持って来るように命じると、「過越の祭りの六日前のことであった。イエスはこの世から父のもとへ移るご自分の時が来たのを悟り」という言葉で始まる、ヨハネによる福音の箇所を読んでくれるよう頼みました。実は、これを頼まれるよりも前に、奉仕者〔の任にあった兄弟〕も、この福音〔の箇所〕を読むつもりでいました。この福音〔の箇所〕が読まれるはずの写本には聖書全体が収められていたのですが、写本を最初に開いたときに目に入ったのがこの箇所だったからでした。それから〔フランシスコ〕は、間もなく土と灰になろうとしている自分〔の体〕を粗布で覆い、灰を振りかけるよう命じました。

そこには大勢の兄弟が集まっていました。彼らにとって〔フランシスコは〕父であり指導者でもありました。彼らがみな畏敬の念をもって〔フランシスコ〕を囲んで立ち、祝された最期と幸いな完成を待っていると、そのいとも聖なる魂は肉体から解き放たれて、光の深い淵の中に飲み込まれ、その肉体は、主のうちに眠りに就きました（一一〇）。

ここには、フランシスコがイエスの受難の物語を読んでもらい、そして「土と灰になろうとしている自分〔の体〕を粗布で覆い、灰を振りかけるよう命じました」とある。まず、福音を開くという行為については、「写本を最初に開いたときに目に入った」とある。この行為は、ベルナルドやピエトロという兄弟がフランシスコのもとに集い、自分たちがどのように行動するかを決めるときに、「世俗を棄てることに関する福音の言葉を見いだすすべを知らなかったので、最初に本を開いたときにみ旨をお示しくださるようにと、敬虔に主に願い求めました」（『三人の伴侶による伝記』二八）とあるのと同じ行為である。さらに、自らの死をイエスの死と結びつけるとともに、「灰をかける」というフランシスコの悔悛を示す特徴的な行為を彼は兄弟たちに命じている。もし、フランシスコが多少とも自由のきく健康状態にあったなら、自ら灰をかぶったであろう。

次に、『魂の憧れの記録（第二伝記）』を見る。

このように兄弟たちがあまりの悲しさに涙にぬれ、慰めようがないほど嘆いていると、聖なる師父は自分のところへパンを持ってくるように命じました。それを祝福し裂いて、その欠片を一人ひとりに食べるように分け与えました。更に、福音書を収めた写本を持ってくるように命じ、「過越の祭りの前」〔という言葉〕で始まる箇所からヨハネによる福音を自分のために読んでくれるように頼みました。主がご自分の弟子たちと共に最後に執り行われた、いとも聖なる晩餐を思い描いていたのです。この尊い追憶のうちに、兄弟たちに対して抱いていた愛情を示そうとして、このすべてを行ったのでした。

次いで、仲間の兄弟たちの中でも特に愛していた兄弟たちに、自分と一緒にキリストを賛美するように願い、その帰天まで残されていたわずかな日々を、賛美のうちに過ごしたのでした。〔師父〕自身は、その力の限りを尽くして、次の詩編を唱え始めました。「わたしは声を限りに主に叫び、わたしは声を限りに主に願います」云々と。また、かつて〔師父〕自身

ジオット『聖フランチェスコの葬儀』バルディ礼拝堂

が、神の愛をたたえるように励ますために作り上げた言葉を用いて、神を賛美するように、すべての被造物を招いたのでした。そして、すべてのものにとって恐ろしく厭《いと》わしい死さえも賛美へと鼓舞し、喜び迎え、自分の客に加わるように招いて、「ようこそ、おいでくださいました、わたしの姉妹なる死よ」と言いました。医者に対してはこう言いました。「兄弟なる医者よ、勇気をもって、死が間近になったことを知らせください。死はわたしにとって命の戸口となるのですから」。兄弟たちに〔言いました〕。「最後の時が近づいたら、一昨日あなたたちが見たとおりに、わたしを裸にして地面の上に横たえて、そして、わたしが死んだ後も、人が急がずに一マイルの道のりを歩く間、そのままそこに安置しておいてください」。

時が来ました。〔師父〕のうちにキリストのすべての神秘は成就されて、至福のうちに神のみもとに飛び立っていったのでした（二一七）。

ここでは、受難の朗読の前に、最後の晩餐《ばんさん》を模した行為が付け加えられ、『被造物の賛歌』に死に関する節が付け加えられたエピソードが書かれている。そして「裸にして地面の上に横たえる」ことが書かれているが、灰を振りかけることは書かれていない。

次に、ボナヴェントゥラの『大伝記』を見る。


回心から二十年目に聖痕が刻みつけられた時から二年の間……〔フランシスコ〕は、ポルチウンクラの聖マリア〔聖堂〕に運んでくれるよう願ったのでした。恵みの霊を受けた場所で、命の霊をお返しするためでした。そこに運ばれると……真理そのものである方〔キリスト〕の模範に倣って、世とは何一つ共有していないことを示そうとして、霊の熱意に燃えて、裸でむき出しの大地の上に横たわったのでした。敵がなおも怒り狂うことのできる最期の時にあたって、裸の敵と裸で戦うことができるためでした。こうして、粗布で作った衣もはがれて、地面の上に横たわり、いつものように天に向かって顔を挙げ、その栄光へと完全に集中し、見られることのないようにと右脇腹の傷痕を左手で覆い隠していました。……そして、両の手のひらを天に挙げて、彼のキリストの栄光をたたえました。あらゆる重荷から解き放たれ、身軽にキリストのもとに行こうとしていたからです。貧しさに対する熱意から、これらすべてのことを行ったのでした。ほかの人から借りるのでなければ、会服すら所有しようとはしなかったのでした。

まさに、貧しく、苦しみのうちに、裸で十字架にかけられた、十字架のキリストにあらゆる点でかたどられることを願っていました。それ故にこそ、その回心の初めの時に、裸で司教の前に立ったように、生涯の終わりにも、裸でこの世から出て行きたいと望んだのでした。付き添っている兄弟たちに、愛による従順によって、自分が死んだなら、ゆっくり一マイル歩くほどの間、裸のまま地面の上に横たえておいてほしいと命じたのでした。まことに、この人こそ真のキリスト者でした。生きている間は生けるキリストに、死にあたっては死に臨まれたキリストに、死んだ後は、死んだ後のキリストに倣うことで完全にキリストにかたどられるよう努め、似姿であることが明らかに示されるに値するものとされたのでした。

ついに、最期の時が近づくと、その場所にいるすべての兄弟を自分のもとに呼び集めてもらい、慰めの言葉をもって自分の死について彼らを慰め、父としての愛をもって神を愛するよう励ましたのでした。貧しさ、忍耐、そして聖なるローマ教会に対する忠誠を保守することについて言葉を尽くして語り、他の生活の規定よりも聖なる福音を優先するよう語ったのでした……いとも愛すべき神の人〔フランシスコ〕は福音書を持ってくるように命じ、ヨハネによる福音の「過越の祭りの前に」で始まる箇所を読んでくれるように頼んだのでした。そして、彼自身は力の続く限り、次の詩編を唱え続けていました。「わたしは声を挙げて、主に呼び求める。声を挙げて主に願い求める」。そして、「正しい人々がわたしを待ち望んでいます、あなたがわたしに報いてくださるまで」という最後の行まで唱え終えました。

ついに、すべての秘義が彼のうちに実現し、いとも聖なる魂が肉体から解放され、神聖な光の深淵に吸い込まれるときがくると、幸いな人〔フランシスコ〕は、主のうちにあって眠りに就いたのでした（第一四章、三－六）。

このように見てくると、ボナヴェントゥラの記述の特異さに目が留まる。彼は「裸にして地面の上に横たえる」というチェラノのトマスが『魂の憧れの記録』の中で採用した表現を、まずは貧しさと結びつけ、そしてそれを裸で十字架につけられた貧しいキリストと結びつけるという作業を行っている。つまり、ボナヴェントゥラははっきりとフランシスコを第二のキリストとして描くとともに、貧しさという特徴を強調している。さらに、「聖なるローマ教会に対する忠誠」という言葉も付け加えている。これは当然、当時の托鉢修道会論争を背景にしていることである。教区の司祭たちとの争いの中で、自分たちの会の正当性を主張する、完全に政治的文書になっている。ボナヴェントゥラはフランシスコの死を会の政治的マニフェストに仕立て上げ、批判勢力に対する論駁《ばく》を行っている。

ボナヴェントゥラのこの政治的文書に比べて、チェラノのトマスの表現はかなり素朴である。特に、いわゆる『第一伝記』での表現は、自らに灰をかけるという行為から、フランシスコの悔悛の姿勢を端的に表現している。この行為は、第16章で触れたように、フランシスカンの伝統において重要な悔悛の行為であることを考えれば、『第一伝記』の表現がかなりフランシスコの死という現実を具体的に示しているということも言えるだろう。

まとめ

フランシスコが灰をかぶったということは、死に際しても常に自らを悔い改めていたということだ。そのような態度はボナヴェントゥラが描くようなものとはまったく異なる。私たちにとって、死に際しても回心していく態度はきわめて重要なものではないだろうか。私たちは洗礼を受け、キリスト者としての使命を生きている。それは休むことなく、常にキリスト者として歩み続けることである。フランシスコが灰をかぶることは、それ自体が悔悛の証しである。悔悛はそれまでの自分を否定し、より良い生を求めることでもある。つまり、悔悛それ自体、死と復活の体験になっている。その意味で、私たちキリスト者の生は死と復活の限りない繰り返しの歩みの結果にほかならないだろう。

19　フラテルニタスの与える希望

『イマジン』

ジョン・レノンが作った『イマジン』という曲がある。おそらくは多くの人が耳にしているに違いない。この曲の前半部で、ジョン・レノンは天国や宗教のない世界を「想像する」imagineように歌っている。しかし、後半部は、仲間となり、世界を一つにすることを「想像する」ように述べ、所有がなく、貪欲や飢えの必要のないことを「想像する」ように歌っている。そして、それをa brotherhood of manと表現している。

a brotherhood of manとはなんとも訳しがたい言葉だが、「人類の兄弟的共同体」とでも訳せばよいのだろうか。いや、大事なことは、ここでジョンがbrotherhoodという言葉を使用していることだ。日本語の訳からも類推できるように、これは「フラテルニタス」と同じ意味である。

宗教学者の島田裕巳は、ジョン・レノンは一見宗教を否定し、「制度化されたキリスト教、教会のあり方に対しては否定的だが、聖フランシスコに見られるようなキリスト教の禁欲的な精神については、むしろそれを高く評価しているようにも見える」と述べている。しかし、私見によれば、ここで重要なのは brotherhood = fraternitas ということである。つまり、フラテルニタスが持つ、いや、兄弟と兄弟との関係によって表現されるあり方の重要性である。

「フラテルニタス」ふたたび

すでに第2章で、フラテルニタスは兄弟としての互いの相互関係であり、またフランシスコはフラテルニタスというよりも、もっと兄弟と兄弟との関係について語っていると指摘した。そこで、次のように述べた。「フラテルニタスという言葉は、決して『兄弟性』というような抽象的な概念ではなく、各々が兄弟として関わっていく生きている現実を示す言葉であった」と。

この「関わり」あるいは「関係」はこれから共同体論ばかりではなく、教会論において重要な鍵となるだろう。例えば、日本では秘跡論で知られ、残念ながら二〇一九年四月に帰天されたアメリカ合衆国のフランシスコ会士、ケナン・オズボーンはその *A Theology of the Church for the Third Millennium: A Franciscan Approach* で、次のように述べている。

西洋の知的枠組みは、認識論的及びパラダイム的変化をゆっくりと、しかし着実に最近一五〇年の間に経験した。世界中で、標準的な西洋の哲学的認識の支配は弱体化した。パラダイム・シフトは現在グローバルなスケールで起こっている。この認識論的、及びパラダイム的変化は、キリスト教会、及びそれに関連する神学を含む西洋文化のほとんどすべての面に影響を与えた。認識論的及びパラダイム的変化、双方の核心に、関係性の問題がある（私訳）。

そして、彼は従来の「本質主義」や「実体論」的な教会論ではなく、「関係論」的な教会論が第三千年期のものであることを指摘している。

第3章でも、カッシーラーや廣松渉を引いて、実体に先立つ関係性を指摘したが、教会論の立場でも「関係論」に基づく見方が提唱されている。

また、「関係」とは目に見えないものである。「兄弟と兄弟との関係」も目に見えないものである。フラテルニタスが「兄弟と兄弟との関係」の現実といった場合、マルクス・エンゲルスが使用した「物象化」を用いて説明することができよう。

未完の『存在と意味』を残した哲学者、廣松渉は次のように「物象化」を説明する。

マルクス・エンゲルスは「物象化」という概念を、定義風には式述しておらず、また、この概念を必ずしも頻用していない。とはいえ、〝後期〟における彼らの文典中にみられる一連の用法に鑑みるとき、人と人との社会的関係……が、〝物と物との関係〟ないし〝物の具えている性質〟ないしはまた〝自立的な物象〟の相で現象する事態、かかる事態が物象化という詞で指称されていることまでは容易に認められる。このことに徴して、われわれは概念規定以前的な暫定的表象として、人と人との関係が物的な関係・性質・成態《ゲビルデ》の相で現象する事態、これをひとまず物象化現象と呼ぶことができよう(『物象化論の構図』95頁)。

ここで言われていることに従えば、「兄弟と兄弟との関係」という目に見えない関係が、フラテルニタスとして物象化すると言ってよいだろう。「兄弟と兄弟との関係」はまた「人と人との兄弟としての関係」と言い換えてもよいだろう。そうであれば、この関係はまさに定義不能になってくる。なぜなら、関係は無数に存在し、それを一つに収斂《しゅうれん》することは不可能だからである。

このように考えると、現代ドイツの気鋭の哲学者マルクス・ガブリエルが『なぜ世界は存在しないのか』で述べていることと重なってくるように思える。彼は「あらゆるものが存在することになる――ただし世界は別である」と述べている。彼は水洗トイレ、脱毛症、素粒子、さらには想像の産物である「一角獣」でさえ存在すると述べる。しかし、それらを包括する概念としての「世界」は存在しないと考える。つまり、個々の意識にあるものは、その人間にとって存在していることである。すなわち、「一角獣」が存在すると思っている人間には存在している。他方で、「一角獣」が存在しないと思っている人間には存在していない。それゆえ、存在すると思っている人と存在しないと思っている人が共通に立つ地盤がないということになる。彼は言う、「原理上すべての規律を包括する規律は存在しないことが必然的に示されます。これが私の言う『世界は存在しない』という意味です」と。

関係は無数に存在する。しかし、それは一つとして同じものはない。それゆえ、関係の物象化としてのフラテルニタスも、一つとして同じものは存在しない。「このようなもの」として定義することは不可能である。また、フラテルニタスは別にフランシスコ会の専売特許というわけではない。関係はあらゆるところでフラテルニタスとして物象化する可能性がある。しかし、あらゆる「人と人との関係（個人と個人との関係と言ってもよいだろう）」がフラテルニタスとして物象化するわけではない。「人と人との関係」には抑圧－非抑圧、支配－被支配のような関係も含まれている。フラテルニタスとして物象化するためには、いくつかの要素を踏まえなければならない。しかし、それらの要素は規定的に作用するのではなく、暗黙の前提としてあるようなものと言うことができるだろう。そして、むしろ否定的に表現されるものとなるだろう。例えば、

「命令しない」「強制しない」「枠にはめない」「束縛しない」など。「人と人との関係」を疎外しないものが、フラテルニタスとして物象化するための要素になると言える。しかし、そうは言ってもフランシスコに従って言えば、肯定的に次のような要素を示すことができよう。

より小さいこと　より小さいことは、他の人に仕えていくことを示す。自らの欲望を放棄し、他の人々に対してへりくだり、仕えていく。そこには支配や暴力や命令という関係は存在しない。他者に強制されるのではなく、自らの自由意志に基づいて、他の人のために働く。

無所有　「貧しさ」ではなく、ましてや「清貧」でもない。フランシスコの示す「無所有」はむしろ、本来所有権を有するのは絶対的に貧しい者であり、所有する者は彼らから一時的に借りているにすぎないことを示すものである。そして、またあらゆる権利をも放棄することでもある。しかし、それは逆説的にすべてを所有することにつながる。

母性　権力や支配あるいは暴力を象徴する父性と対立する母性は、優しさ、慈しみ、保護、育てることなどを示す。

これらがフラテルニタスの「定義」と言うつもりはない。しかし、人と人との関係が支配－被支配の関係にならないためのものである。

そして、「関係」は常に広がりを持つ。あるフラテルニタスはまた別のフラテルニタスとの関係を持ち、さらには吸収・合併したり、分裂したり、あるいは新しいフラテルニタスを生み出したり、きわめてダイナミックに動く。それはまったく自由な、ある意味では無秩序な、アナーキーな運動をするものだ。この意味でも、フラテルニタスは定義不可能なものであり、状況や環境などが一つとして同じことがないように、すべてのフラテルニタスを包括するフラテルニタスは存在しない。あるのは、一つ一つのフラテルニタスにすぎない。

別次元の生の場としてのフラテルニタス

関係に基づくフラテルニタスは、その非定義性のゆえに、無限の広がりを持つ。そして、それはあらゆるものへと開かれている。その時々の状況によって、多様に姿を変えながら広がっていく。そして、フラテルニタスは「より小さい」「無所有」あるいは「母性」という性格を持つので、現代の教会に対しても一つの方向性を示すことにもなる。

フランシスコは彼の生きた時代にあって、つまり教会の聖職者中心主義がますます強まる時代の中で、位階制の確立した時代の中で、あるいは「祈る人、戦う人、働く人」と区分される時代の中で、新しい共同体のあり方を示していった。そこでは能力の違いはあるにしても、聖職者でない兄弟も聖職者の兄弟も平等であった。

そして、教皇フランシスコは二〇一八年八月二〇日付で発表された書簡『神の民への教皇フランシスコの書簡』の中で聖職者中心主義（聖職者至上主義）に関して次のようにはっきりと述べている。

教会活動の変革は、すべての神の民の積極的な参加なしには考えられません。また、神の民を傷つけたり、黙らせたり、無視したり、少数のエリートだけに注目したりするときには必ず、根も記憶も表情もからだも、そしていのちさえもない共同体や計画、神学的アプローチ、霊性、組織が生じてしまいます。このことは、聖職者至上主義（クレリカリズム）という、教会権威に対する特異な解釈方法——性的虐待、権力の乱用、心理的虐待が行われている多くの共同体に共通する要素——としてはっきりと表れます。それは、「信者の人格を否定するだけでなく、聖霊によってわたしたちの民の心に与えられた洗礼の恵みをむしばみ、軽視しようとする」態度です。司祭自身と信者のどちらが助長したとしても、聖職者至上主義は教会のからだを引き裂き、わたしたちが今日、糾弾している悪事の多くを助長し、誘発します。虐待に「ノー」と言うことは、あらゆる形の聖職者至上主義に断固として「ノー」と言うことなのです（カトリック中央協議会訳）。

アッシジのフランシスコが示したフラテルニタスのあり方は、このような現代の教会の聖職者至上主義に対する強烈なアンチテーゼともなっている。

そして、教会ばかりでなく、現代の、今の我々の社会、欲望の表現としての資本主義社会に対してもアンチテーゼとなる。

二〇一七年の一月一五日に貧困撲滅に取り組む国際ＮＧＯが、上位八人の富裕者の富が下から半分にあたる約三六億人のそれとほぼ同じであると発表した。ごく少数の富裕者が世界の富のほとんどを所有しているという現実は、資本主義のもたらした結果であり、また人々の分裂をもたらしている。

このような社会に対して、フラテルニタスは本質的に別の理想を突きつけていく。このフラテルニタスは自由に、その時の状況に従って、変化していくものであるから、多様性を保ち、また違いを問わない。それゆえ、フラテルニタスは現代の社会に対して異端的なものとして機能するだろう。しかし、それは森本あんり（プロテスタント神学者）が述べるものと重なるだろう。彼は次のように述べている。

> 真正の異端はまた、一人よがりの正義を振り回したりはしない。……その目線はまっすぐに目的地へと向けられており、その歩みは思い上がり（ヒュブリス）とは無縁の着実さを示している。彼は、同志を募り、信頼する友をもち、共同作業を委ね、自分も分業体制の中で限定された位置を持つ。そうしてこそ、腰の据わったアイデンティティが生まれ、粘り強く

理想を実現するための闘いを続けることができるのである（森本あんり『異端の時代』239頁）。

そして、それはイエスに従うことでもある。政治思想家の栗原康はイエスの行いに関して次のように言う。

いま「自然」だっていわれている支配を破壊していく。しかも、支配者とおなじ土俵でやりあうんじゃない……いまこの場にいながらにして、まったく別次元の生をいきるんだ。

フラテルニタスはまさに別次元の生の場である。

フラテルニタスが、例えばジョン・レノンの言うように宗教がない世界、あるいは神を認めない世界にあってもかまわない。むしろ、「宗教」や「神」を積極的に否定しても良い。どのような世界であっても、人間がいるかぎりフラテルニタスはその可能性を持っている。そして、それは本書のはじめに引用した、ネグリ＝ハートの『〈帝国〉――グローバル化の世界秩序とマルチチュードの可能性』の最後のことばで示された希望へとつながっていくのである。

共産主義者の闘争の未来における生に光をあててくれるかもしれない古い伝説がある。アッシジの聖フランチェスコの伝説だ。

フランシスコが現代世界に光を与えるかどうかは、彼が残したフラテルニタスを私たちがどのように形成していくかにかかっている。

20 集会

フランシスコが作り上げた組織は、「しばしば考えられているほど、民主的ではなかった」と言われる。確かに会則の文言によれば、管区長たちと修道院長たちはその任にふさわしくない総長を解任し、他の者を選ぶことができたので、民主的なものと考えられよう。しかし、フランシスコというカリスマ的なリーダーのもとに集まった集団と言うことも考えられ、すべてはフランシスコが決定していったというイメージも強いだろう。

例えば、ジアノのヨルダヌスの『年代記』には、フランシスコがオリエントに行っているときに、フランシスコが任命した代理者と古くからの兄弟たちが集まって決めた断食の規定に対して、その決定プロセスに違和感を持った兄弟がわざわざフランシスコに会いに行くというエピソードが書かれている（ジアノのヨルダヌス『年代記』一一）。これを見るとフランシスコが置いた代理者たちの決定をひっくり返すためにフランシスコに直接訴えるという兄弟の意志があり、それはまたフランシスコが会の中に持つ絶対的な力を頼ってのことだと言える。フランシスコはその意味では会の絶対的な権力者であると言えるかもしれない。

また、会の最初の数十年の歴史を見ると、兄弟エリアが総長の時に、彼の恣意的なあるいは専制的な会の統治に対して、非常に不満が募り、総長エリアの解任という事態に発展する。そして、この体験から、エリアの後を継ぐ総長、ピサのアルベルトゥスやファーヴァーシャムのハイモが管区の独自性を強め、中央集権的傾向から地方分権的な方向へとシフトしたとも言われる。

このような事例から、小さき兄弟会は当初民主的ではなく、絶対的指導者を抱く中央集権的な組織として考えられるかもしれない。確かにフランシスコというすさまじいカリスマを持った人間のもとに多くの人々が集まって来ているのだから、ある意味それは当然のことだろう。

しかし、フランシスコの存命時を考えてみると、必ずしもそう言えない側面がある。例えば、集会のあり方がそうだ。先に挙げた、ジアノのヨルダヌスの『年代記』から考えてみよう。

フランシスコに訴えに赴いた兄弟は何に不満を持ったのか。

幸いなるフランシスコは、法学博士である幸いなるピエトロ・カタニと一緒に海を渡る準備をしているときに、二人の代理者、すなわち兄弟ナルニのマテオと兄弟ナポリのグレゴリオを残しました。フランシスコはマテオをポルティウンクラのサンタ・マリア聖堂に配置したので、そこに滞在している間に彼は会に受け入れられることのできる者を受け入れました。しかし、グレゴリオは兄弟たちを励ますためにイタリアを回るように指名されました。さて、最初の会則に従って兄弟たちは水曜日と金曜日、そして幸いなるフランシスコの許可のもとに月曜日と土曜日に断食をしていました。また、肉を食べることが許されている日には肉を食べました。二人の代理者はイタリアの何人かの古くからの兄弟とともに集会を開きました。そこで、彼らは、兄弟たちが肉を許されている日に自分自身で手に入れた肉を食べることができず、また心を同じくする信者によって彼らに与えられたような肉だけが食べられることを定めました。さらに、彼らは月曜日とその他の二日に断食をし、月曜日と土曜日はミルクからできたものを取ることができず、信心深い信者によって与えられたものでなければ、これらを節制しなければならないことを定めました。

ある修道士はこれらの規定に非常に憤り、この二人の代理者が聖なる師父の会則に別のものを付け加えようとしていると考え、これらの規定を携えて、代理者の許可を得ずに海を渡りました（ジアノのヨルダヌス『年代記』一一–一二、私訳）。

この事件はフランシスコが海外、すなわちオリエントにいるときなので、一二一九年から一二二〇年にかけてである。それゆえ、ここで言われている会則は現存していない会則である。その現存していない会則の断食の規定に新たな規定を付け加えたことが問題になっている。つまり、ここでの決定のプロセス、すなわち「二人の代理者」と「イタリアの何人かの古くからの兄弟」が開いた集会で決定されたことである。これはまず、フランシスコがいない場で決定されたことと言うこともできる。おそらく、この「ある修道士」はそれを憤ったのも確かだ。しかし、この当時のフランシスコたちの集団の集会の、すなわち意志決定のあり方を考えるとまた別の側面がでてくる。

ヨルダヌスの『年代記』から引用しよう。

それゆえ主の年一二二一年五月二三日の聖霊降臨祭に、幸いなるフランシスコはポルティウンクラのサンタ・マリアで総集会を開きました。当時の会の習慣のように、誓願をたてた者と修練者がこの集会にやってきました。この時、集まった兄弟たちは三〇〇〇人といわれています（ジアノのヨルダヌス『年代記』一六、私訳）。

ヨルダヌスは聖霊降臨祭が五月二三日と書いているが、一二二一年は五月三〇日が正しい。こういう誤りもあるが、ここに触れられているように「当時の会の習慣のように、誓願をたてた者と修練者がこの集会に」参加している。つまり、会の兄弟全員が参加しているのがこの当時の会の集会のあり方であり、決して代理者と古くからの兄弟（長老）たちだけが集まる集会ではない。最初の頃のフランシスコたちの集団の集会のあり方はすべての兄弟が集まるものであり、代議員が集まるものではなかった。そして、そこでの意志決定に関しては、確かにフランシスコのイニシアティブが存在していた。

この総集会の終わり、すなわち総集会がまさに終わろうとしたとき、幸いなるフランシスコの心の中に、ドイツにはまだ会が確立していなかったという考えが起こりました。そして、幸いなるフランシスコは非常に体が弱っていたので、自分がしゃべる内容を、代わりに兄弟エリアにしゃべってもらいました（ジアノのヨルダヌス『年代記』一七、私訳）。

いまで言えば、フランシスコは議題に載っていないことを緊急動議として提出している。そこで、ドイツへの宣教使派遣が決定されるのだが、派遣される兄弟の選定に関しては、「もし行きたい者がいましたら、立ち上がって、あちらに集まってください」（ジアノのヨルダヌス『年代記』一七）と本人の自由意志に任されており、決して強制的に、あるいは「従順の名によって」命令されているのではない。

最初の頃のフランシスコたちの集団は、いま見たように、全員が集まる集会において、自由意志において、自分たちの行動を定めていくものであったと言える。三〇〇〇人とも言われる兄弟たちが集まって、意志決定をしていく直接民主制の形態を取っていた。その意味でも、確かにフランシスコというカリスマ的な指導者が存在しているし、それが自明の前提として機能していることには違いないが、それでもこの直接民主制的な形態は、単なる中央集権的な、あるいは専制的な形態とは異なる。このことは、次に述べる最初の頃の集団の指導者という点から見ても明らかになる。

指導者

フランシスコたちの集団ははじめからフランシスコが指導者であったと思われがちだ。それは確かにそうなのだが、しかし、次の記述を見てほしい。フランシスコたちが自分たちの作った会則の認可を求めてローマへ旅立つ記述である。

救い主の恵みによって兄弟たちの数と功績が増したのを見て、祝されたフランシスコは〔兄弟たちに〕言いました。「兄弟たち、主はわたしたちを大きな会にしようとお望みのようです。それ故、わたしたちの母なるローマ教会へ行って、主がわたしたちを通して行っておらることを至高の祭司（教皇）にお知らせし、陛下の意向と命令にしたがって、わたしたちが始めたことを行うことにしよう」。この言葉に兄弟たちは賛同したので、〔フランシスコ〕は十二人の兄弟を連れ、彼らはローマへ向かいました。

旅の途中で、〔フランシスコ〕は〔兄弟たち〕に言いました。「わたしたちの一人を指導者とし、わたしたちにとってイエス・キリストの代理のようなものとみなしましょう。その〔兄弟〕が行こうと思うところへはどこにでもわたしたちも行き、休みたいと思うときに休むのです」。フランシスコに受け入れられた最初の人であった兄弟ベルナルドを彼らは選びました。この人が言うとおりに、〔兄弟たち〕は実行したのでした（『会の発祥もしくは創設（無名のペルージア伝』三一）。

このペルージアのジョヴァンニの手になる記述で、一二人からなる兄弟たちは、フランシスコの言葉に従ってローマへ赴くことを決心するが、旅の途中で自分たちの集団の指導者を選んだことが書かれている。この指導者はイエス・キリストの代理のようなものとも書かれている。この記述は、ほとんどそのまま『三人の伴侶による伝記』にも引き継がれている。

フランシスコは確かにカリスマ的な指導者だったのかもしれない。しかし、そもそもクィンタヴァッレのベルナルドやピエトロ・カターニがフランシスコのもとにやってきたとき、彼らは自分たちがどういう生き方をするかを偶然にまかせたとも言える。『会の発祥もしくは創設』では次のようにある。

〔フランシスコは〕〔二人〕が訪れてきたこととその願いに歓喜し、心からの喜びをこめて答えました。「行って、主に助言してくださるよう願いましょう」。

彼らは町の聖堂の一つに行くと、中に入ってひざまずき、謙遜に次のように祈りました。……祈り終わると、そこに居合わせたその聖堂の司祭に言いました。「陛下、わたしたちの主イエス・キリストの福音を、わたしたちにお示しください」。

司祭が〔福音〕書を開くと、というのは、彼らはそのときはまだよく読むことができなかったからですが、彼らは直ちに次のように書かれた箇所を見いだしました。「もし完全になりたいのなら、行って、持っているものをすべて売り、貧しい人に与えなさい。そうすれば天に宝を蓄えることになる」。もう一度福音書を開くと、次の言葉を見つけました。「わたしの後に従いたい者は」云々。さらに開いて、次の言葉を見いだしました。「旅には、何も携えてはならない」云々……フランシスコは言いました。「これをわたしたちの会則としよう」

（同、一〇－一一）。

よく知られた箇所だが、自分たちの生き方を決めるに当たり、偶然に身をまかせている。もちろん、信仰深い者なら神意にまかせたとも言えるだろうが。しかし、マルコ福音書の11章12節以下が開かれたら、彼らはどうしただろうかなどと問うことはヤボだろう。

フランシスコたちの集団では、フランシスコ自身、自分を指導者とは意識していなかった。そして、自分たちの会則の認可という非常に重要な旅の途中で一二人の中から指導者を選んでいる。フランシスコたちの最初の集団はまず指導者を持たない集団であり、ローマへ行くという重大事に際して、指導者を選んだ。それもフランシスコではなく、クィンタヴァッレのベルナルドを選んだ。このような形で指導者を選ぶ集団というのも面白い。

言い換えれば、すべてのものが平等であるフラテルニタスであるから、誰が指導者であってもそれは問題にならない。しかし、意志決定においては一人の人間の指示に従っていく。しかもそれは「イエス・キリストの代理」と言われている限り、それは奉仕の役割を担う。イエスは「仕えられることよりも仕えること」（マルコ10・43－45参照）と言ったではないか。キリストの王職とは奉仕ではなかったか。そして、フランシスコ会の長上職はミニステル、すなわち奉仕者と呼ばれることを想起しなければならない。

このように見ていくと、フランシスコたちの集団はそもそも中央集権的で、専制的な意志決定を行うものではなかった。確かにフランシスコという一人のすさまじいカリスマのまわりに集まった集団であるが、すべてのものは兄弟であり、集会においては全員が参加し、自由意志が尊重され、あるいはその場の偶然的なことにより意志決定がなされるという、きわめて自由な集団であったと言える。そしてまた、指導者は奉仕者なのである。

フランシスカンの集会が現代に問いかけること

現代日本は民主主義の国家であると言われる。しかし、国会議員のおおよそ四分の一が世襲であるとされ、また二〇一三年の特定秘密保護法や二〇一八年の働き方改革関連法案などのように強行採決が行われている。特に二〇一八年は働き方改革関連法案以外にも統合型リゾート実施法案（いわゆるカジノ法案）や出入国管理法改正案など全部で五回も強行採決が行われている。確かに、議会制民主主義の形態を取り、選挙により選出される代議員により立法府が運営される形式を取っているが、世襲という新たな身分制が定着し、多数の暴虐と言ってもよい強行採決が行われている民主主義の国家というのも珍しい。そのような体制の中で、人々が自らの意思を表し、自ら意志決定すると言うことは本当に不可能なのか。いわゆるアラブの春や二〇一一年にアメリカ合衆国の政界・経済界に対する抗議運動としてウォール街で起こされたオキュパイ運動、あるいは日本ではＳＥＡＬＤｓ《シールズ》の運動、さらには香港での逃亡犯条例改正案に対する反対運動を考えると可能性がないわけではないだろう。

ネグリ＝ハートは二〇一七年に出版された『集会』*Assembly* の中で、次のように言う。

我々の仮説は次のものである。意志決定と集会は中央集権化された規則を要求せず、その代わりに、民主的にマルチチュードによってともになされうるものである。もちろん、その緊急性とテクニカルな性質により中央集権化されたさまざまな種類の意志決定を要求する。しかし、そのような「リーダーシップ」は常にマルチチュードに従属し、命令として展開され、そして却下される。もし指導者たちが依然としてこの文脈において必要であり、可能であるならば、彼らが生産的なマルチチュードに奉仕するゆえにのみ存在する（私訳）。

指導者がマルチチュードに奉仕することは、フランシスコ会の長上職がまさにミニステル、すなわち奉仕者であることと同じである。フランシスカンの集会が、代議制ではなく、すべての兄弟が集まる集会であり、そこでの指導者は、彼がイエス・キリストの代理であるなら、イエスが奉仕者であることにならい、仕える者になる。

ネグリ＝ハートは次のように現代における課題を設定している。

我々は現状でリーダーシップの問題を取り上げ、二つの主要な課題を研究する必要がある。

すなわち、ヒエラルキーなしにどのように組織を作り上げるか。そして中央集権化なしに制度をどのように作り上げるか。これらの課題は、永続的な政治的枠組みを作ることが社会生活の上あるいは背後に立つ超越的な権力を必要としない、すなわち政治的組織及び政治的制度は主権を要求しないという唯物論者の直感を含む（私訳）。

フランシスコたちが行った集会は、兄弟たちの集まりである限り、ヒエラルキーは存在していない。指導者は奉仕者である。すべての兄弟が話し合い、そして自由意志に基づいて参加し、行動していく。もちろん、八〇〇年前のスタイルが、そのまま通用するわけではない。しかし、SEALDs《シールズ》の運動など、あるいはネグリ＝ハート以外にも、近年特に注目されている哲学者ジュディス・バトラーが『アセンブリ』の中で主張するような代議制に対するもう一つのあり方としての可能性に結びつくものがあるように思える。

フランシスコの精神を生きることは、フランシスコを八〇〇年前の聖人としてあがめ、拝むことではない。現代のさまざまな問題とフランシスコの生き方を対話させ、あるいは対決させ、諸問題解決へのヒントを模索していくことではないか。フランシスコが聖人であると言うことはそういうことだ。

参考文献

1　行動、そして変革

アントニオ・ネグリ／マイケル・ハート、水嶋一憲他訳『〈帝国〉――グローバル化の世界秩序とマルチチュードの可能性』以文社、二〇〇三年

佐藤翔子・渡辺義行訳『フランシスコと共にいたわたしたちは――レオネ、ルフィーノ、アンジェロ兄弟たちの報告記』あかし書房、一九八五年

教皇フランシスコ、瀬本正之／吉川まみ訳『回勅　ラウダート・シ――ともに暮らす家を大切に』カトリック中央協議会、二〇一六年

フランシスコ会日本管区訳・監修『アシジの聖フランシスコ伝記資料集』教文館、二〇一五年

カール・マルクス「フォイエルバッハ・テーゼ」

『訓戒の言葉』、ジアノのヨルダヌスの『年代記』

2　フランシスコの心の動きとフラテルニタス

Attilio Bartoli Langeli, *Gli Autografi di Frate Francesco e di Frate Leone*, Brepols, 2000.

Francesco d'Assisi. *Scritti*, Padova, 2002.
Thèophile Desbonnets, *De l'intuition à l'institution*, Paris, 1983.
庄司篤訳『アシジの聖フランシスコの小品集』聖母の騎士社、一九八八年

3　フラテルニタスと「母」、そして関係

大貫隆訳『ソロモンの頌歌』第19頌歌、日本聖書学研究所編『聖書外典偽典』（別巻　補遺Ⅱ）教文館、一九八二年
岡田温司『キリストの身体――血と肉と愛の傷』中公新書、二〇〇九年
廣松渉『存在と意味――事的世界観の定礎』（第一巻）岩波書店、一九八二年
リン・ホワイト、青木靖三訳『機械と神――生態学的危機の歴史的根源』みすず書房、一九九九年
エルンスト・カッシーラー、山本義隆訳『実体概念と関数概念――認識批判の基本的諸問題の研究』（新装版）みすず書房、二〇一七年
Caroline Walker Bynum, *Jesus as Mother. Studies in the Spirituality of the High Middle Ages*, University of California Press, Berkeley, Los Angeles, London, 1984.
Jacques Dalarun, François et les femmes, in *Dieu changea de sexe pour ainsi dire*, Paris, 2008, en particulier, p. 127-154.

——Sicut mater. Una rilettura del biglietto di Francesco d'Assisi a frate Leone, in *Frate Francesco*, 75, 2009.

——*Gouverner c'est servir*, Alma, Paris, 2012.

４　出会い、そして孤独

ルイ・アルチュセール、福井和美訳『マキャヴェリの孤独』藤原書店、二〇〇一年

的場昭弘『ポスト現代のマルクス——マルクス像の再構成をめぐって』御茶の水書房、二〇〇一年

G. Miccoli, La proposta cristiana di Francesco d'Assisi, in ID., *Francesco d'Assisi. Realtá e memoria di un'esperienza cristiana* [Einaudi Paperbacks, 217], Torino 1991.

Raoul Manselli, *San Francesco d'Assisi*, Milano, 2002.

Felice Accrocca, *Tutto Cominciò tra i Lebbrosi. Gli inizi dell'avventura spirituale di Francesco d'Assisi*, Porziuncola, 2014.

５　「平和」を告げること

アントニオ・ネグリ／マイケル・ハート、幾島幸子訳『マルチチュード——〈帝国〉時代の戦争と民主主義』〔上・下〕日本放送出版協会、二〇〇五年

石川明人『キリスト教と戦争——「愛と平和」を説きつつ戦う論理』中公新書、二〇一六年
André Vauchez, *François d'Assise. Entre histoire et mémoire*, Paris, 2009.
Alexander of Bremen, *Expositio in Apocalypsim*, ed. A. Wachtel, Weimar, 1959.
Salimbene de Adam, *Cronica*, Vol. I, ed. Giuseppe Scalia, Bari, 1966.

6　フランシスコの「無所有」

Alain Badiou, *Logiques des Mondes. L'être et l'événement, 2*, Seuil, Paris,2006.
Henri de Lubac, *Proudhon et le christianisme*, Cerf, Paris, 2011.
ジョルジョ・アガンベン、高桑和巳訳『ホモ・サケル——主権権力と剥き出しの生』以文社、二〇〇三年
ジョルジョ・アガンベン、上村忠男・太田綾子訳『いと高き貧しさ——修道院規則と生の形式』みすず書房、二〇一四年

7　フランシスコとクララの抵抗

クララに対する教皇庁の文書は以下のものによる。*Bullarium Franciscanum*. Edited by J. H. Sbaralea, 4 vols. Roma, 1759-1768. Ristanpa Edizioni Porziuncola, 1983.

教皇ベネディクト十六世『女性の神秘家・教会博士』、ペトロ文庫、カトリック中央協議会、二〇一一年
エンゲルベルト・グラウ、宮澤みどり訳『アシジの聖クララ――伝記と文献』八王子聖クララ会修道院、一九八七年（私家版）

8 フランシスコのプレゼピオ
伊能哲大「アッシジのフランチェスコの『会則』と小さき兄弟会の『会則』をめぐって――その連続と断絶」『日本カトリック神学会誌』第二二号、二〇一一年

9 太陽の歌
Niklaus Kuster, *Franziskus*, Herder, Freiburg-Basel-Wien, 2002.
Jacques Dalarun, *Le Cantique de Frère Soleil. François d'Assise réconcilié*, Alama, Paris, 2014.

10 フランシスコと家族・家庭
日本カトリック司教協議会教理委員会訳・監修『カトリック教会のカテキズム』カトリック中央協議会、二〇〇二年

11　助祭フランシスコ

教皇フランシスコ、使徒的勧告『福音の喜び』カトリック中央協議会、二〇一四年

教皇ヨハネ・パウロ二世、使徒的勧告『信徒の召命と使命』51、カトリック中央協議会、一九九一年
（*Christifideles laici*: AAS 81 [1989], 413）

伊能哲大「アッシジのフランシスコのいわゆる『全兄弟会への手紙』をめぐって」『日本カトリック神学会誌』第二四号、二〇一三年、一〇七－一二七ページ

Hoeberichts, Jan, Francis' letter to all the Brothers（Letter to the Entire Order: Title, Theme, Structure and Language）, in *Collectanea franciscama*, 78, 2008, pp. 5-85.

12　聖務日課を大事にしたフランシスコ

Breviarium Sancti Francisci（アッシジのサンタ・キアラ大聖堂収蔵）

Edward Foley, Franciscan Liturgical Prayer, in *Franciscans at Prayer*, Ed. by Timothy J. Johnson, Brill, Leiden, Boston. 2007. pp. 385-412.

Eric Palazzo, *Liturgie et societe au Moyen Age*, Aubier, Paris. 2000.

第四ラテラノ公会議の決議文の翻訳は『クリオ』（編集発行「東大クリオの会」）二九巻、二〇一五年

13　働くこと
兼岩正夫「一三世紀の一乞食僧の社会思想――ordo fratrum Minorumの社会的基底」『ルネサンスとしての中世』筑摩書房、一九九二年（初出は、『西洋史学』2、一九四八年）
Ernst Troeltsch, *Die Soziallehren der christlichen Kirchen und Gruppen*, 1912（邦訳は『古代キリスト教の社会教説』（一九九九年）、『中世キリスト教の社会教説』（二〇一四年）として高野晃兆訳で、それぞれ教文館から出版されている）
David Flood, *The Daily Labor of the Early franciscans*, Franciscan Istitute, Ashland, 2010.
テレル・カーヴァー、村上隆夫訳『マルクス事典』未来社、一九九一年

14　フランシスカンとしての関わり
G・W・ヘーゲル、藤野渉、赤沢正敏訳『法の哲学Ⅰ』中央公論新社、二〇〇一年
眞田芳憲『〈大逆事件〉と禅僧内山愚童の抵抗』佼成出版社、二〇一八年
カール・マルクス『マルクス資本論草稿集2』大月書店、一九八一年
柄谷行人『世界史の構造』岩波書店、二〇一五年

16　灰をかぶる悔い改める者

小高毅「源泉資料の聖フランシスコ伝を通して」『聖火』第二二二号、フランシスコ会日本管区、二〇一六年
SANTA CHIARA DI ASSISI. *I primi documenti ufficiali: Lettera di annunzio della sua morte Processo e Bolla di canonizzazione.* a cura di P. Giovanni Boccali, ofm. Edizioni Porziuncola, Assisi, 2002.

17 主を賛美し、慰め、教える

Pietro Maranesi, *La fragilità in Francesco d'Assisi. Quando lo scandalo della sofferenza diventa grazia,* Prefazione di mons. Felice Accrocca, Edizioni Messaggero Padova, 2018.
Alfons de Lamartine, *Méditations poétiques. Nouvelles Méditations poétiques,* Edition de Marius-François Guyard, Gallimard, Paris, 1981.

19 フラテルニタスの与える希望

島田裕巳『ジョン・レノンは、なぜ神を信じなかったのか——ロックとキリスト教』イースト新書、二〇一八年
廣松渉『物象化論の構図』岩波書店、一九八三年
マルクス・ガブリエル、清水一浩訳『なぜ世界は存在しないのか』講談社選書メチエ、二〇一八年

森本あんり『異端の時代——正統のかたちを求めて』岩波新書、二〇一八年
栗原康「キリスト抹殺論——ナザレのイエスはアナキスト」『福音と世界』二〇一八年一〇月号、新教出版社
Kenan B. Osborne, *A Theology of the Church for the Third Millennium: A Franciscan Approach*, Brill, Leiden and Boston, 2009.

20　集会

Michael Hardt & Antonio Negri, *Assembly*, Oxford University Press, Oxford, New York. 2017.
レオンハルト・レーマン『フランシスコ会とクララ会』伊能哲大訳、『修道院文化史事典』（普及版）所収、八坂書房、二〇一四年
ジュディス・バトラー『アセンブリ　行為遂行性・複数性・政治』、佐藤嘉幸・清水知子共訳、青土社、二〇一九年

あとがき

新約聖書学者である田川建三の『イエスという男』は以下の言葉から始まっている。

イエスはキリスト教の先駆者ではない。歴史の先駆者である。……先駆者はその時代を拒否する。……従って、歴史の先駆者は、その同時代の、またそれに続く歴史によって、まず抹殺されようとする。……しかしまた、抹殺されずに思い出が残った者もある。……けれどもこのように歴史が先駆者の思い出を抹殺しきれずに残してしまった場合には、今度は逆に抱え込もうとする。キリスト教がイエスを教祖にしたのは、そういうことなのだ。

フランシスコも同じなのだ。彼も歴史の先駆者であり、当時のローマ・カトリック教会あるいは社会に対して、別のあり方を示していった。彼は確かに抹殺されたわけではない。しかし、「聖」フランシスコとなることにより、教会に抱え込まれてしまい、「骨抜き」にされていった。教会の公認の「聖人伝」の中に押し込められてしまった。ボナヴェントゥラの『大伝記』はまさにフランシスコからその牙や毒を抜き取ってしまった人畜無害の『聖人伝』と言えよう。

しかし、フランシスコは歴史の先駆者なのだ。自然を愛し、小動物を愛し、ご聖体を愛し、すべてのものにお優しい聖フランシスコ様なんてお気楽なものではない。歴史の先駆者ゆえに、時代の中で戦い、自ら傷つき、それでもやり直そうとした人間だ。教会が権力を持ち、聖職者が権力を行使し、富と権力が教会に、そして高位聖職者に集中している時代に、フランシスコは「無所有」と「小さい者」の価値を生きようとした。そして、無限の広がりを持つ関係性によって成り立つフラテルニタスの中で兄弟として生きた。

『ラ・マンチャの男』というミュージカルがある。その中に、主人公のドン・キホーテが歌う『見果てぬ夢』がある。フランシスコはまさに『見果てぬ夢』を生きた人間である。彼は先駆者である。彼の生き方の中には現代の諸問題に対するヒントがある。

本書はアントニオ・ネグリとマイケル・ハートの共著である『〈帝国〉』の最期を締めくくる言葉から始まった。フランシスコは現代においてもより良い社会を求める者の希望である。それはなによりもフランシスコが「行動すること」、すなわち「生きる」ことを主張したことにある。もう一度彼の言葉を想い起こそう。「聖人たちは業を実践されたのに、私たちがその業を詳しく話すことによって栄えと誉れを受けたいと望むのは、神のしもべである私たちにとって大きな恥です」。フランシスコについて語ることではない。フランシスコを自分たちの都合のよいように抱え込むことではない。フランシスコが行動したように行動すること、生きたように生きることなのだ。

本書は『福音宣教』誌二〇一七年四月号から二〇一八年一二月号に連載された『現代に挑戦するフランシスコ』にある程度加筆修正を加え、さらに補論として『集会』を付け加えた。本書の作成に尽力してくださったオリエンス宗教研究所の鈴木敦詞に感謝いたします。

著者紹介

伊能　哲大（いよく・あきひろ）

1955年、東京生まれ、明治大学大学院文学研究科博士後期課程修了。フランシスコ会士。主な翻訳に、カエタン・エッサー『フランシスコ会の始まり――歴史が語る小さき兄弟会の初期理念』（新世社）、P. ディンツェルバッハー／ J. L. ホッグ編『修道院文化史事典』（八坂書房、共訳）、パドヴァのアントニウス『主日説教集／祝日説教集』（中世思想原典集成第12巻に所収）、などがある。主な研究論文は「初期フランシスコ会とラウダ」（聖グレゴリオの家・研究論集 I)、「1239年５月15日のクーデター――小さき兄弟会の奪権闘争における教皇の役割」（『日本カトリック神学会誌』第26号）など。

現代に挑戦するフランシスコ

●

2019年11月15日　初 版 発 行

著　者　伊能　哲大
発行者　オリエンス宗教研究所
代　表　C・コンニ
〒156-0043　東京都世田谷区松原2-28-5
☎ 03-3322-7601　Fax 03-3325-5322
https://www.oriens.or.jp/
印刷者　有限会社　東光印刷

ISBN978-4-87232-108-1 Printed in Japan